Jochen Nagel

Weihnachten: Ein Geschenk.

Gedichte, Fabeln und Geschichten

Impressum

Bibliografische Information der Deutschen Nationalbibliothek:
Die Deutsche Nationalbibliothek verzeichnet diese Publikation in der Deutschen Nationalbibliografie; detaillierte bibliografische Daten sind im Internet über http://dnb.dnb.de abrufbar.

© 2022 Jochen Nagel

Lektorat: Tatjana Kreß
Korrektorat: Tatjana Kreß
weitere Mitwirkende: Heidi Giebels

Herstellung und Verlag: BoD – Books on Demand, Norderstedt

ISBN: 978-3-7568-5877-4

Für Tatjana und Christina

Beste Freundinnen - für immer.

„Optimismus ist wahre moralische Tapferkeit."

Sir Ernest Shackleton

Inhaltsverzeichnis

Bild 1: Rheinaue in Bonn (Foto: Jochen Nagel)

Advent

Advent, Advent, ein Lichtlein brennt,
ein Männlein schnell zum Postamt rennt,
um zu bringen ein Weihnachtspaket,
das zur Tante nach Amerika geht.

„Luftpost oder SAL?"
„Ist egal, Hauptsache schnell."
Gefragt sind nun gar viele Hände,
damit die Post wird befördert behände.

Erst eins, dann zwei, dann drei, dann vier,
was wünscht die Frau am Schalter hier?
„Kommt der Brief noch pünktlich an?"
„Ob man dies als Drucksache senden kann?"

Auskünfte, Stempel und eine Flut von Briefen,
etliche Beutel sind zu hieven.
Man denkt, dass man´s nie schaffen kann,
trotz eines Postler-Weihnachtsmann.

Dann steht das Christkind vor der Tür,
kaum ein Kollege merkt es hier.
Denn weder Ruhe noch Besinnlichkeit,
gibt´s in der postalischen Vorweihnachtszeit.

Dass dennoch alles klappte reibungslos,
finden wir Chefs lobenswert und famos.
Wir wünschen Ihnen das Allerbest,
vor allem ein glückliches Weihnachtsfest.

Bild 2: Siebengebirge mit Drachenfels (Jochen Nagel)

Casimir, der sprechende Weihnachtsbaum

„Ihr lieben Kinder, hört doch einmal her. Ja, kommt einmal zu mir und setzt euch auf die Stühle. Erst die ganz Kleinen. Da dürfen auch die Mama oder der Papa oder die Oma oder der Opa mitkommen. Und dann die ganz großen Kinder.

Ja, liebe Kinder. Und natürlich ebenso liebe Erwachsenen. Ihr habt richtig gehört. Ich bin es. Der Weihnachtsbaum. Ich bin ein sprechender Weihnachtsbaum. Und ich habe sogar einen richtigen Namen. Wollt ihr denn meinen Namen wissen?"

„Ja," schallte es zaghaft, ungläubig und laut aus dem Saal.

„Mein Name ist Casimir. Jetzt, da ihr alle einen Platz gefunden habt und schön auf euren Stühlen oder dem Fußboden, auf jeden Fall auf eurem Hosenboden sitzt, begrüße ich euch recht herzlich. Guten Tag, liebe Kinder, liebe Muttis, liebe Papis, liebe Omas und liebe Opas. Willkommen hier im Saal."

Sprachs und machte eine tiefe, freundliche und ehrerbietende Verbeugung, beinahe wie vor einer Königin oder einem König. Seine Tannennadeln raschelten leise, seine Äste knisterten, die Zapfen knarzten und

es breitete sich ein angenehmer Duft und eine wohl-
tuende Wärme.

„Hallo, lieber Casimir," riefen vor allem die Kinder
dem wundersamen Weihnachtsbaum zu.

„Ich freue mich, liebe Kinder und liebe Erwachsene, dass ihr alle zu dieser Weihnachtsfeier gekommen seid. Ihr habt sicher schon gesehen, wie wundervoll dieser Saal geschmückt ist und dass ich nicht der einzige Tannenbaum auf der Bühne bin."

Leises Murmeln und Getuschel huschte für den kurzen Moment eines Augenblicks durch den Saal. Dann kehrte rasch wieder eine neugierige Stille ein.

„Hier links neben mir steht die Edeltanne Tante Klara (sie verbeugte sich ebenfalls zugewandt) und zu meiner rechten Seite grüßt euch die Edelfichte Brunhilde (sie nickte freundlich ins Auditorium). Es fehlt allein noch Onkel Björn, die Nordmanntanne. Aber Björn kommt eigentlich immer zu spät."

Ein Kichern hastete durch den Raum und verstummte alsbald.

Casimir breitete seine Äste weit auseinander und deutete auf die beiden weihnachtlich geschmückten Bäume an seinen Seiten. Man hätte die Meinung vertreten können, Casimir wäre gar kein Tannenbaum, sondern ein als Baum verkleideter Mensch. Schließlich hatte noch niemand im Saal einen sprechenden Weihnachtsbaum gesehen.

Doch die Gedanken waren noch nicht einmal zu Ende gedacht, da räusperte Casimir seine Stimme und fuhr mit seiner Erzählung fort.

Schweigendes Staunen wogte durch den Raum. Still und andächtig lauschten die Menschen.

„Wir sind drei unzertrennliche Tannenbäume. Eigentlich ja vier, aber ihr wisst ja, Björn …"

„… kommt immer zu spät," schrien die Kinder begeistert.

Casimir schien zu schmunzeln, auf jeden Fall freute es sein Weihnachtsbaumherz, dass die Kinder seiner Geschichte so aufmerksam folgten.

„In der Tat. So ist es," griff er den Gedanken auf, um mit seiner Erzählung fortzufahren.

„Wir drei sind unzertrennliche Tannenbäume. Schon als wir noch ganz winzig kleine Tannenbaumkinderchen waren, da standen wir ganz dicht beieinander. Unser Zuhause war der schöne Kaufunger Wald, der sich gar nicht so weit von hier weit über die Höhen der Berge erstreckt. Da konnten wir uns gegenseitig schützen und stützen, um groß und stark zu werden. Und im Winter, da fanden wir es besonders gut, so eng aneinander gekuschelt zu stehen. Wenn es dann schneite oder der Wind ordentlich durch den Wald pfiff, haben wir uns gegenseitig gewärmt."

Casimir schlotterte etwas, seine Äste zitterten leise und die Kälte schien auch in den Saal zu kriechen.

Ein bisschen erschauderten die Kinder bei dem Gedanken an Eis und Schnee und auch die Eltern fröstelten ein klitzeklein wenig.

„Wenn es dann wieder einmal stockfinster war und gar nicht hell werden wollte," griff Casimir die Gefühle der Anwesenden auf, „dann haben wir uns davon erzählt, was wir denn einmal werden wollten, wenn wir richtig große Bäume wären. So wie die anderen um uns herum im Kaufunger Wald."

Die Kinder spitzten sofort ihre Ohren und rissen die Augen neugierig auf. Und auch ihre Eltern und Großeltern wollte nichts von der Geschichte verpassen.

„Tante Klara träumte stets davon, in eine große Spielzeugfabrik zu kommen. Aus ihrem wunderbaren Holz sollte schönes Spielzeug werden. Schaukelpferde, Bauklötze, Eisenbahnen oder eine Marionette wie Pinocchio. Darauf hoffte sie sehr, damit sich die Kinder, so wie ich, daran erfreuen können. Sie sah bereits die leuchtenden Augen am Weihnachtsabend.

Welche Zukunft. Dann wurde uns immer ganz warm ums Tannenbaumherz."

Ein Raunen ging durch den Raum und Edeltanne Klara neigte sich zu einer weiteren Andeutung einer Verbeugung nach vorne.

„Und erst die Edelfichte Brunhilde. Sie war schon immer die Vornehmste von uns dreien. Sie dachte immer daran, in einem warmen, hell erleuchteten Kaufhaus zu stehen. Dort wollte sie geschmückt mit Lichterketten, Lametta, glitzernden Kugeln, kleinen Engeln, schmackhaften Lebkuchen und noch viel mehr in der Spielwarenabteilung stehen, um auf die Kinder zu warten und von den Menschen bestaunt und bewundert zu werden. Was für eine grandiose Aufgabe."

„Und was wolltest du machen?" rief eine glockenhelle Kinderstimme aus der augenblicklichen Stille.

„Ich," holte Casimir kurz Luft, „was hatte ich mir nicht alles ausgemalt. Nachdem ich in der Baumschule sprechen gelernt hatte, wollte ich in die große, weite Welt reisen. Ich sah mich mit einem Schiff über einen großen Ozean fahren, um fremde Länder mit fremdartigen Bäumen kennenzulernen. Vor allem die Palmen in der Südsee hatten es mir angetan. Da wollte ich unbedingt hin. Und so schmiedeten wir drei im Kaufunger Wald jahrein und jahraus unsere Pläne und vertrieben damit die langen Wintermonate und so manchen lauen Sommerabend."

„Und wovon träumte Björn?"

„Ihr wisst doch," hob Casimir an …

„Ja," riefen Kinder und Erwachsene im Chor, „Björn kommt immer zu spät."

„Aber was wurde denn aus euren Träumen?" fragte schüchtern ein kleines Mädchen.

Casimir seufzte ganz leise.

„Der Tannenbaum träumt. Aber manchmal kommt alles anders. Unsere Pläne und Träume wurden nicht wahr. Eines Tages, ich erinnere mich noch sehr genau, da kamen zwei Männer in den Kaufunger Wald. Wir trauten unseren Tannenbaumaugen nicht. Sie hatten Äxte und Sägen dabei. Bevor sie ihre Arbeit beginnen konnten, fragte ich die Männer, was denn nun geschehen würde. Na, die haben vielleicht verdattert geschaut. Scheinbar haben die noch nie einen sprechenden Weihnachtsbaum gesehen. Dabei kennt doch jeder eine Baumschule. Oder, liebe Kinder?"

„Na klar," brüllte lachend der Kinderchor.

Casimir musste ein Lachen unterdrücken.

„Seht ihr," fuhr er fort, „und das habe ich den Beiden dann auch erklärt. Schließlich sagte einer von ihnen, dass sie den Auftrag hätten, für eine Weihnachtsfeier mit ganz vielen Kindern drei besonders schöne Weihnachtsbäume zu holen. Und da hätten sie sich für uns drei entschieden. Für Tante Klara, Brunhilde und für mich."

Zustimmendes Geplapper schwappte durch den Raum.

„Ja," sagte Casimir, „so war das. Leider gingen unsere Träume und Hoffnungen, die wir uns im Kaufunger Wald gemacht hatten, nicht in Erfüllung. Doch dann kamen wir in diesen so festlich geschmückten Saal. Wir rochen den Kaffeeduft und den leckeren Kuchen. Da wurde uns schon etwas wohler. Tja, und dann kamt ihr alle in den Saal. Seitdem geht es uns prächtig. Wir finden es ganz wunderbar, mit euch allen hier Weihnachten feiern zu können. So etwas hätten wir uns nicht erträumt. Aber, meint ihr denn nicht, dass noch jemand fehlt?"

„Ja," riefen die Kinder, „Björn fehlt noch."

Casimir schmunzelte erkennbar, wenn man das bei einem Weihnachtsbaum erkennen kann, und meinte, „nein, der kommt immer zu spät. Für Björn ist es noch zu früh."

Er hielt für einen Moment inne und urplötzlich zeichnete sich in den Gedanken aller Anwesenden die Silhouette ab. Roter Mantel. Rote Mütze. Dicker Bauch. Ein prall gefüllter Sack über der Schulter. Ein Rentierschlitten.

„So eine Weihnachtsfeier ohne den Weihnachtsmann ist doch keine richtige Weihnachtsfeier, oder," sprach Casimir die Gedanken der Kinder und Erwachsenen aus.

Kaum hatte er den Gedanken zu Ende geführt, da erschien, schweren Schrittes in seinen Stiefeln und bepackt mit vielen guten Gaben - der Weihnachtsmann. Er sang ein fröhliches Lied auf den Lippen und alsbald stimmten alle mit ein.

Auch die drei Tannenbäume.

Herzlich begrüßte der Weihnachtsmann die Kinder. Freudig die Muttis, Papis, Omis und Opis. Und natürlich die drei Weihnachtsbäume.

„Hoho, lieber Casimir, was machst du denn hier? Ich habe euch doch gestern noch im Kaufunger Wald gesehen. Wie geht es euch?"

„Jetzt geht es uns wieder gut. Hier ist es viel gemütlicher. Draußen pfeift der Wind und es schneit. Und mit

dir und den Kindern ist es eine wunderbare, stim-
mungsvolle Weihnachtsfeier."

Bild 3: Weihnachtsbaum Dorfplatz Plittersdorf (Jochen Nagel)

Sprachs und alle stimmten ihm zu. Es wurde noch eine lange, gemütliche und würdevolle Weihnachtsfeier. Alle aßen reichlich Lebkuchen, Pfeffernüsse, Kuchen und Christstollen. Und so manche weitere Leckerei. Glühwein, Kaffee und Kakao flossen genügend.

Und wenn sie nicht zu müde wurden, kam vielleicht später auch noch Björn, die Nordmanntanne.

Und wenn sie nicht gestorben sind, dann wurden die Träume der Tannenbäume aus dem Kaufunger Wald doch noch wahr. Wer weiß das schon?

E N D E

Bild 4: Schloss Drachenfels in Königswinter (Jochen Nagel)

Postlers Weihnacht

Es bringt der Kunde viele Päckchen,

Brief und Paket in großer Zahl

und mancher Postler bind´ viel „Säckchen"

mit Weihnachtsgrüßen allemal.

Er horchet auf: Noch wen´ge Tage

bis hin zu diesem hohen Fest,

bald wird die Arbeit schon zur Plage,

die sich scheinbar kaum schaffen lässt.

Er gibt sich hin - bereit,

erfüllet jeden Kundenwunsch,

genießet dann die schöne Zeit

mit Ruh´, Besinnlichkeit und Punsch.

Verdienet hat´s ein jeder heute,

in dieser Zeit voll Unruh und Hast,

so feiert nun, ihr lieben Leute

ein Weihnachtsfest ganz ohne Last.

Bild 5: Winter im Siebengebirge (Jochen Nagel)

Der kleine Wichtel

Der kleine Wichtel war schon alt, sehr alt und er hatte schon ganz viele Weihnachten erlebt. Früher, als er noch jung war, ist er in der Adventszeit oft in das nahe Dorf gegangen und überraschte die Menschen mit kleinen Geschenken. Er war lange nicht mehr im Dorf gewesen, dachte der kleine Wichtel grübelnd nach.

Warum wohl? Was hatte sich verändert?

Er vertrieb die düsteren Gedanken. In diesem Jahr wollte der kleine Wichtel wieder einmal die Menschen im Dorf besuchen. So machte er sich schließlich auf den Weg.

Zuerst musste er durch eine Stadt laufen. Müde und neugierig setzte er sich vor das große Kaufhaus in der Stadt und beobachtete leise, aber aufmerksam das emsige Treiben der vorbeieilenden Menschen. Was für eine Hektik, dachte der kleine Wichtel. Die Menschen hetzten eiligst durch die Gassen, Straßen, Geschäfte und Läden. Sie suchten Geschenke für ihre Familien und Freunde. Die meisten von ihnen schienen gerade von der Arbeit zu kommen und noch irgendwie ge-stresst etwas einkaufen zu müssen.

Ja, dachte der kleine Wichtel, sie sehen genervt und angestrengt aus.

Seine Gedanken wanderten zurück in jene Zeit, wo es noch keine elektrisch beleuchteten Geschäfte oder Weihnachtsbäume gab. Er überlegte, ob die Menschen auch damals so mit vollen Taschen und Tüten durch die Straßen gerannt sind?

Bild 6: Winterlandschaft bei Geisenheim (Jochen Nagel)

Nun, ja, redete er sich ein, die Zeiten ändern sich. Unbemerkt schlich der kleine Wichtel aus der Stadt hinaus. Er machte sich auf in Richtung des kleinen Dorfes, das er so gerne besucht hatte. Der kleine Wichtel hatte genug von hetzenden, schimpfenden und brummigen Menschen mit ihren angespannten Gesichtern, die scheinbar keine Zeit und Ruhe mehr hatten. Ist denn nicht die Adventszeit eigentlich eine ruhige und besinnliche Zeit, sinnierte er.

Langsam begann es zu schneien, einzelne Sterne funkelten durch die Wolken und eine schmale Mondsichel zeigte sich zwischen den Wolkenfetzen. Der kleine Wichtel stapfte voran, unter seinen Stiefeln knirschte der Schnee und die altbekannten Geräusche ließen ihnen frohgemut weiterlaufen.

Grübelnd und bisweilen kopfschüttelnd kam er an das alte Haus, in dem schon ganz viele Menschen gewohnt hatten. Er erinnerte sich genau. Früher war dieses Haus sein Lieblingshaus gewesen. Früher, als es noch kein elektrisches Licht gab und die Menschen ihre Wohnungen mit Kerzen erleuchteten. Er erinnerte sich auch daran, dass es noch keine Heizungen mit Öl oder Gas befeuert gab. Die Menschen mussten Holz oder Kohle ins Haus schaffen, den Ofen oder Kamin damit bestücken, um es warm zu haben.

Ach, ja, seufzte der kleine Wichtel. Die Zeit schreitet voran. Der Fortschritt ist nicht aufzuhalten, aber es war schon eine heimelige Zeit.

Dabei erinnerte er sich daran, wie er heimlich durch die Fenster geschaut und die Menschen dahinter betrachtet hatte. Manchmal saßen Großmutter, Mutter und Kinder, manchmal sogar mit den Enkelkindern, zusammen und buken Plätzchen und Kuchen. Der Duft strömte durch das ganze Haus und drang durch geöffnete Fenster oder Türen bis zu ihm nach draußen.

Großvater und Vater machten sich daran, einen Weihnachtsbaum zu schlagen, diesen mühevoll nach Hause zu schleppen und ihn aufzustellen. Sie freuten sich auf die Heimkehr aus dem kalten Wald in die warme Stube mit heißen Getränken. Tee oder Punsch.

Oftmals saßen die Menschen lange gemeinsam um einen Tisch, das Feuer flackerte im Kamin und die Kerzen schufen ein magisches Licht. Es wurde gesungen und gebastelt. Und manchmal erzählte der Großvater spannende und schier unglaubliche Geschichten.

Bald, so kurz vor Weihnachten, stieg dann die Großmutter auf den Dachboden, um die Weihnachtskiste zu holen. In jedem Jahr eine heilige Angelegenheit. Und eine wichtige Tradition. In dieser Kiste gab es viel zu entdecken. Sterne aus Stroh. Kugeln aus Glas. Engel mit goldenem Haar. Eine Spitze für den Baum. Und eine Krippe. Kostbare Dinge, die gerade die Großmutter hütete, wie einen Schatz.

Aber das schien alles schon so lange her zu sein. Es war eine andere Zeit, dachte der kleine Wichtel. Eine Zeit des gemeinsamen Tuns. Eine Zeit für mehr

Miteinander. Eine Zeit füreinander. Eine Zeit, in der ich heimlich kleine Geschenke brachte oder überraschende Dienste erledigte, schmunzelte der kleine Wichtel.

Von seinen Gedanken noch ganz benebelt, sah der kleine Wichtel auch heute durch die Fenster des alten Hauses, das schon so viele gesehen hatte, die darin lebten. In Freud und Leid. In Frieden und Streit. Sobald sich der Schleier über seinen benebelten Augen lichtete, sah er die Familie. Sie saßen um den Adventskranz und der Vater las eine Geschichte vor.

Nanu, dachte der kleine Wichtel. Durfte er seinen Augen trauen? Konnte es das tatsächlich noch oder wieder oder immer noch geben? Menschen, die Zeit füreinander hatten und nicht gehetzt durch die Straßen und Kaufhäuser liefen? Menschen, die ihr Haus zusätzlich mit Kerzen erhellten, die leicht im Windhauch flackerten? Menschen, die miteinander etwas zusammen machten?

Ja, stellte er fest. Heute ist zwar eine andere Zeit. Aber auch in dieser anderen Zeit konnten die Werte von Liebe, Zuneigung, menschlicher Wärme und Fürsorge weiter gelten.

Dem kleinen Wichtel wurde es ganz warm ums Herz. Um sein kleines, ganz großes Wichtelherz.

Unbemerkt und ziemlich leise schlich er sich davon, woher er gekommen war. Berührt von den Menschen wollte auch er seine treuen Dienste weiter leisten und der neuen Zeit, aber vor allen den Menschen in der neuen Zeit gerecht werden. Das hatten sie sich verdient.

E N D E

Bild 7: Winterlandschaft bei Schmallenberg (Jochen Nagel)

Von drauß von den Postämtern komme ich her

Von drauß von den Postämtern komme ich her,
ich kann euch sagen, es weihnachtet sehr.
Allüberall sah ich Pakete sitzen
und die Postleute kräftig schwitzen.

Denn ob Inland, Ausland oder DDR,
die gabengefüllten Pakete waren schwer,
dazu dann noch die vielen Päckchen,
die verworfen werden in die „Säckchen".

Arbeit über Arbeit - an jedem Ort,
zahlreiche Glückwünsche mussten zeitig fort.
Briefe von Wert, Einschreiben, Postkarten,
kein Empfänger will auf seine Grüße warten.

Drum wird hier gestempelt, verworfen, verpackt,
manche Überstunde angepackt,
freundliche Bedienung trotz Stress und trotz Schlan-
gen,
es freut sich der Chef, kein Kunde muss bangen.

Doch nun fangen die Kerzen zu brennen an,
das Himmelstor ist aufgetan,
und alle Postler sollen nun,
von der Jagd des Lebens einmal ruhen.

Und bald schon kommt Christ hinab auf Erden,
denn es soll wieder Weihnachten werden.
Ich wünsche dazu Gesundheit und Glück,
Zufriedenheit ein großes Stück.

All ihren Familien Segen und Frieden,
sei auf den künftigen Wegen ihnen beschieden.
Ihre Arbeit war beruhigend anzusehn,
dafür sag ich allen: DANKESCHÖN.

Von drauß von den Postämtern komme ich her,
ich kann euch sagen, es weihnachtet sehr.

Bild 8: Rheinaue in Bonn (Jochen Nagel)

Als ein Engel auf die Erde kam

Es war der Vorabend des 24. Dezember. Leise rieselten viele tausend blendend weiße, im Mondlicht schillernde Schneeflocken auf die winterlich gekleidete Erde herab. Zumindest auf der Nordhalbkugel, denn im Süden herrschte ja gerade Sommer.

Die vorweihnachtliche Stimmung breitete sich allenthalben aus, verbunden mit all den irdischen Annehmlichkeiten. Geschmückte Weihnachtsbäume, wohlriechende Lebkuchen, würzige Christstollen und natürlich durften die zahlreichen Geschenke nicht fehlen. Ganz allmählich steuerte alles auf den Höhepunkt der Feiertage zu. Egal, ob arm oder reich. Alle warteten ungeduldig bis sehnsüchtig auf den Heiligen Abend.

Frieden legte sich wie ein wärmender Mantel um die Menschen; zumindest in weiten Teilen der Erde. Denn Krieg und Hunger, Umweltzerstörung und Gier konnten nur mühsam überdeckt werden vom sich ankündigenden weihnachtlichen Frieden.

Im Gegensatz zur irdischen, beinahe idyllischen Ruhe herrschte im Himmelsparlament geschäftige Hektik. Seit Wochen schon debattierte man dort über ein brandaktuelles, hochbrisantes Thema: „Was sollte mit diesem merkwürdigen Planeten Erde geschehen?"

Es war die Aufgabe der Himmelsparlamentarier, die zukünftige Entwicklung der Schöpfung vorzubereiten, die Erdengeschichte fortzuschreiben und dem lieben Gott zur Entscheidung vorzulegen. Momentan kennzeichneten das Buch der Menschen und der Erde für die nächsten Jahre nur weiße Seiten. Keine Zukunft. Kein Leben. Drohend stand das Ende des Jahres im Raum und noch immer hatte sich das Parlament nicht einigen können.

Die Erde würde untergehen.

Unterschiedliche Vorschläge standen zur Abstimmung. Auf der einen Seite brachten die Vertreterinnen und Vertreter der Fraktion der *Unbelehrbaren* vor, dass in nicht allzu ferner Zukunft der blaue Planet zum Aussterben verurteilt werden müsse. Sie begründeten ihre Meinung und feste Überzeugung durch zwei markante Daten und Ereignisse der Menschheitsgeschichte.

Als erstes mit der Sintflut, die schon einmal alles Übel hinweggefegt hatte und gleichwohl nicht hatte ausrotten können. Des Weiteren mit der Hingabe von Gottes Sohn Jesus Christus zur Errettung der Menschheit, der hinwegnimmt die Sünden der Welt.

Aber trotz dieser intensiven himmlischen Bemühungen mit dem Ziel, das menschliche Verhalten zu ändern oder zu verbessern, wobei es im Guten wie im Schlechten versucht worden war, erkannte die Fraktion der *Unbelehrbaren* keine signifikante Verbesserung im menschlichen Tun und Handeln. Wieder und wieder hatten sie sich bekriegt. Überall auf der Welt gab es Mord und Totschlag. Wiederkehrend fügten sich die Menschen Leid zu. Sei es direkt durch Gewalt oder indirekt durch Diskriminierung. Sie hatten sich über die Jahrtausend als unverbesserlich - als unbelehrbar erwiesen.

Über den Weg der Zerstörung und Auslöschen der Menschheit war die Fraktion noch zerstritten. Der masochistische Flügel vertrat die Meinung, dass dies durch langjähriges und elendiges Siechtum geschehen müsse. Entweder ausgeprägt durch den fortwährenden Entzug der Lebensgrundlage, der Umwelt. Alternativ sollte eine unheilbare Krankheit dazu führen, die unverbesserliche Menschheit auszurotten. Für den Flügel der Hardliner kam allein ein blitzschnelles, wenn auch qualvolles Ende in Betracht. Ein brutales Erlebnis, wie ein Atomkrieg oder ein Meteoriteneinschlag sollte den Menschen ein für alle Mal eine endgültige Lektion erteilen.

Während die internen Flügelkämpfe der Fraktion der *Unbelehrbaren* anhielt, standen denen die Ideen der *Goodwill-Fraktion* gegenüber. Sie sahen sich in einer

Linie mit Jesus Christus und verstanden sich als Versöhnende. Sie warfen den *Unbelehrbaren* als Spaltende vor, mit ihrem beabsichtigten Plan - und zwar egal welchem Plan - der Erdzerstörung sich selbst die Arbeitsgrundlage im Himmelsparlament zu entziehen.

Ausgehend von dem Gedanken, dass die Menschheit nicht von Grunde auf schlecht sei und viele positive Beispiele herausragender Persönlichkeiten und wohlmeinender Menschen zu erwähnen seien, brachten sie den Vorschlag in die Debatte ein, nochmals ein Opfer für die Menschheit zu erbringen, damit der Planet und die Lebewesen gesunden können. Die *Goodwill-Fraktion* war fest davon überzeugt, das Gute, das Positive endgültig und dauerhaft hervorbringen zu können.

Aller guten Dinge sind drei☺

Unter dem Hinweis auf die Geschichte verwarfen die *Unbelehrbaren* diese Eingabe. Eigentlich hätten die Menschen schon nach der Sintflut ausgemerzt werden müssen. Aber nach dem Motto einmal ist keinmal hätte die Fraktion unter Zurückstellung erheblicher Bedenken wegen des sehr großen Opfers der Kreuzigung zugestimmt. Nun sei es aber genug.

Heftige Auseinandersetzungen kennzeichneten die nun folgenden Debatten. Unversöhnlich standen sich

die Fraktionen im himmlischen Parlament gegenüber.
Ein Ergebnis schien nicht in greifbare Nähe zu rücken.

Bild 9: Santiago de Chile (Jochen Nagel)

Angesichts der Wichtigkeit der Entscheidung und der knappen Zeit bis zum Jahresende griff der himmlische Vater, Gott selbst, in den Prozess der Meinungsbildung ein. Dies kam höchst selten vor. Es musste aber sein. Um eine endgültige Entscheidung, eine Abstimmung des unabhängigen Parlaments vorzubereiten, sollten Engel aus den Ausschüssen des Parlaments auf die Erde gesandt werden. Sie sollten ein abschließendes Bild über das Wesen der Menschen zusammentragen. Aus den unterschiedlichen Berichten sollte ein Report erstellt werden, der den Fraktionen als Entscheidungsgrundlage für die bedeutendste Abstimmung seit Äonen bereitgestellt werden sollte.

Nathaniel, Engel im Himmelsöffentlichkeitsreferat, wurde von Gott persönlich beauftragt, den wohl herausragendsten Bericht seiner Karriere zu verfassen. Zudem sollte er die weiteren Ausschussengel bei ihrer Arbeit unterstützen und überwachen.

Drei Tage hatten alle dafür Zeit.

Aller guten Dinge sind drei☺

So geschah es, dass am Morgen des Heiligen Abend eine Wolke über die Erde segelte, die unsere Engel beherbergte und ihnen einen ersten Überblick verschaffen sollte.

Geschäftig, wie die Ameisen scheinbar ziellos durcheinander umherlaufend, huschten Männlein und Weiblein, Große wie Kleine, Alte wie Junge, noch in die Geschäfte, um wirklich allerletzte Weihnachtsbesorgungen zu erledigen. Überall wurden die Straßen, Häuser und Wohnungen herausgeputzt, denn die Welt sollte in allerbestem Glanz erstrahlen.

Freundliche Worte waren allerorten zu hören. Sie wechselten ihre Besitzer wie kaum sonst im Jahr. Das konnte doch nicht nur daran liegen, dass man bereit war, in dieser besonderen Zeit unglaublich viel Geld auszugeben. Großzügig und großherzig zu sein?

Allen Anschein nach doch. Endlich kam das Gute im Menschen zum Vorschein. Die Bereitschaft zur Hilfe, Unterstützung und Rücksicht gegenüber den Mitmenschen war bei allen ausgeprägter als je zuvor. Weihnachtliche, friedvolle Stimmung umfing die Menschen und ermöglichte ein beinahe reibungsloses Zusammenleben. All die bösen, niederträchtigen und gemeinen Gedanken und Handlungen schienen verdrängt. Ach, wenn doch nur immer Weihnachten wäre.

Die fleißigen Engel notierten all diese Begebenheiten in ihre Kladden, Zettel und Laptops.

Aber sie sahen auch noch etwas anderes.

Da gab es ebenso das Elend auf dieser Welt auch und gerade in dieser Zeit. Hungrige, frierende und alleinstehende Kinder und Erwachsene, die jene Freuden nicht einmal erhoffen durften. Sie kämpften ums nackte Überleben. Niemand war da, der ihnen Hilfe zukommen oder menschliche Wärme zuteilwerden ließ. Wo waren die menschliche Güte und Wärme?

Ja, der grundsätzlich gute Wille konnte herausgearbeitet werden in einem Bericht. Es gab eine unglaublich hohe Anzahl von Geldspenden für gemeinnützige und wohltätige Zwecke. Aber beruhigte man damit nicht nur sein Gewissen? War das nicht ein besserer Ablasshandel? Wie sollte er, Nathaniel, der Himmelsberichtsbeauftragte, dies alles nur gerecht und objektiv darstellen?

Nathaniel wusste, wie schwer es war oder zumindest sein konnte, Zeit und Raum zu überwinden. Sich selbst zu überwinden. Und genau das trennte die Menschen. Und dennoch. Der weihnachtliche Gedanke, der Geist des hohen Festes verband sie miteinander. Vielleicht viel stärker als sie es in diesem Konsumrausch wahrhaben wollten.

Die Geburt Jesu Christi war nicht vergebens gewesen.

Allerdings machten ihn und die Engelsschar andere Beobachtungen stutzig, ängstlich und nicht zuletzt frustriert. Trotz der vielfach friedlichen, allgemein harmonischen Stimmung wurden Raketen und Waffen gebaut und benutzt. Menschen kämpften aus religiösen Gründen gegeneinander. Sie beriefen sich auf ihre Lehre, um andere zu unterdrücken, zu vertreiben, zu ermorden. Das durfte doch alles nicht wahr sein.

Diese Denk- und Handlungsweise ließ furchtbarste Befürchtungen für die Zukunft und die Entscheidungen im himmlischen Parlament erwachsen. Die *„Unbelehrbaren"* würden sich im Himmelsparlament durchsetzen und damit das Ende für all diejenigen Menschen heraufbeschwören und billigend in Kauf nehmen, die sich redlich verhielten und in Frieden miteinander lebten.

Aber Nathaniel war als himmlischer Beauftragter zur Wahrheit verpflichtet. Daher musste er alle Erkenntnisse, die der unzähligen Engel auf Erden und seine eigenen Anschauungen, in seinen Bericht aufnehmen. Das gefiel ihm ganz und gar nicht. Sein Bauchgefühl signalisierte ihm großes Unbehagen. Er dachte an die vielen Menschen, die in harmonischem Einklang das Weihnachtsfest verbringen wollten. Ganz im Sinne Gottes. Ihnen würde mit der Aussicht auf eine kaputte oder gar zerstörte Welt großes Unrecht widerfahren.

Bild 10: Rio de Janeiro (Jochen Nagel)

Das durfte nicht sein.

Nathaniel legte seinen Auftrag weit und großzügig aus. Er musste sich unters Volk mischen. Als himmlischer Beauftragter wollte er genau wissen, was die Menschen dachten, wie sie fühlten und wie es in ihrem Innersten, ihrem Gewissen aussah. Ja, er wollte einen tiefen Blick in die Seele der Menschen nehmen. Vom rein äußerlichen, ja oberflächlichen Handeln allein wollte er keine abschließenden Bewertungen und Schlussfolgerungen mehr ziehen.

Dachte es und schon bewegte sich seine Wolke langsam gen Erdboden, setzte sanft auf und ließ den Engel in der Stadt zurück. Der Name der Stadt. Er tut hier nichts zur Sache. Es konnte jede x-beliebige Stadt sein. Die Menschen waren wichtig.

Aber als erstes musste er sich mit seinem Chef in Verbindung setzen. Von der nächstgelegenen Telefonzelle wollte er ein Ferngespräch zum Himmel anmelden. Ob sie ihn bei der Telekom für verrückt halten würden? Ob es tatsächlich funktionieren würde?

Noch bevor er seine Gedanken zu Ende denken konnte, meldete sich sein Chef.

„Ich weiß schon, was du möchtest," hörte Nathaniel die Stimme Gottes.

„Ungern genehmige ich dir diesen eigenmächtigen Ausflug, doch im Interesse einer gerechten Entscheidung des Himmelsparlaments für die nun folgenden, momentan noch leeren Jahrbücher, soll dir eine Frist von fünf Erdenstunden eingeräumt werden."

Zuerst mochte Nathaniel protestieren. Wie sollte er in einer so gering bemessenen Frist die entscheidenden Argumente finden? Er hob gerade an, zu remonstrieren, da gebot ihm sein himmlischer Vater Einhalt.

„Fünf Erdenstunden oder nichts. Du hast die Wahl."

„Ich danke dir, oh Herr," antwortete der himmlische Bote demütig und machte sich schleunigst auf den Weg.

Seine Zeit war knapp.

Stapfend und dabei grübelnd lenkte er seine Schritte ziellos durch den Schnee. Glitzernd stoben die Flocken um sein gelocktes Haupt. Ein leiser Wind zerzauste seine Locken. Niedergedrückt hing er seinen Gedanken nach.

Was würde ihm widerfahren? Würde er Antworten finden? Würde er die „richtigen" Menschen erkennen? Er wusste es nicht.

Langsam setzte ihm die irdene Kälte zu. Er war es nicht gewohnt, sich quasi als Mensch in diesem Klima zu bewegen. Und berichteten nicht viele über die Klimaerwärmung. Von Wärme keine Spur. Weder äußerlich noch innerlich.

Wahrscheinlich gab er ein jämmerliches Bild ab, denn alsbald sprach ihn jemand an.

„Wo wollen sie denn um diese Uhrzeit am Heiligen Abend noch hin?"

Erschrocken und überrascht zugleich vermochte Nathaniel nicht sogleich zu antworten.

„Ich wollte sie nicht erschrecken oder gar belästigen," fuhr sein Gegenüber fort, „ich kann es nur nicht sehen, schon gar nicht an Weihnachten, wenn jemand so einsam scheint oder ist."

Nathaniel stutzte einen Augenblick.

„Wenn es Ihnen, oder darf ich Du sagen - Nathaniel nickte kaum merklich, aber sichtbar - also dir recht ist, kannst du mit zu uns nach Hause kommen. Wir haben genug zu essen und geben dir gerne etwas ab. Es ist trocken und warm. Meine Familie freut sich sicher."

Nathaniel stutzte abermals.

„Oder habe ich dich mit meinem Angebot verletzt? Das liegt mir fern," führte sein Gegenüber freundlich zugewandt weiter aus. „Übrigens, ich heiße James. Wie James Stewart."

„Nathaniel. Ich heiße Nathaniel," antwortete der himmlische Bote und gab James zu verstehen, dass er sehr gerne mitkommen würde. Er hatte jetzt seine sieben Sinne wieder geschärft und die Aufgabe klar vor Augen. So konnte er seinen selbst erweiterten Auftrag doch noch erfüllen.

Und die Aussicht auf wohlige Wärme kam beiden entgegen, denn der Wind hatte zugenommen. Mit ihm verstärkte sich der Schnee.

Rasch erreichten sie die Wohnung von James. Behagliche Wärme kam ihnen entgegen. Geschmückt stand ein Tannenbaum im Raum und die brennenden Kerzen verströmten sowohl milde Helligkeit und angenehme Düfte. Sie erinnerten ein klein wenig an Weihrauch. Festlich wirkte alles und Nathaniel fühlte sich sogleich heimisch.

Fast schämte sich der Engel ein wenig, denn eigentlich war ja der Himmel sein zuhause. Und dort fühlte er sich ebenfalls gut aufgehoben.

James stellte ihm seine Familie vor. Alle waren unglaublich nett zu ihm, als wäre es eine Selbstverständlichkeit, am Heiligen Abend einen fremden Gast aufzunehmen und zu bewirten. Niemand ließ auch nur ein böses Wort fallen.

Gemeinsam nahmen sie ein wohlschmeckendes, ausreichendes Mahl ein. Es herrschte große Eintracht in der Runde. Frieden legte sich über das Haus und die Menschen, die in ihm lebten.

Schließlich ging es darum, die Weihnachtsgeschichte zu verlesen. Nathaniel bat um die Gunst, diese Aufgabe übernehmen zu dürfen. Die Kinder wurden langsam unruhig wegen der Aussicht auf die Geschenke. Sie wollten ihm einen Bildband reichen und James die Bibel.

Nathaniel dankte ihnen, lehnte aber beides ab. Verwundert sahen ihn alle an. Große, erwartungsvolle Augen richteten sich auf Nathaniel. Nachdem alle wieder einen Platz gefunden hatten, begann der himmlische Gast, aber das wussten James und seine Familie nicht, die Weihnachtsgeschichte zu erzählen. Er kannte ja alle Einzelheiten.

Spannend wie ein Krimi und fesselnd wie eine gute Story stellte Nathaniel die Begebenheiten von Christi Geburt dar. Sogar die zappelnden Kinder lauschten gebannt seinen Worten. So hatten sie es noch nie gehört, was sich in jener Nacht vor über zweitausend Jahren Wunderbares zugetragen hatte. Nathaniel eröffnete ihnen den tiefgründigeren Sinn der Errettung der Menschheit, die in dieser Geburt eines unschuldigen Kindes lag. Er öffnete ihnen die Augen und berührte ihre Seelen. Bislang hatten sie zwar den göttlichen Einfluss aufgenommen, doch nun übermittelte ihnen Nathaniel das zutiefst menschliche Antlitz der Weihnachtsgeschichte.

Unbemerkt war seine Zeit, die fünf Erdenstunden, abgelaufen. Der Engel hatte James und seine Familie in einen tiefen Traum versetzt. Nun schlich er sich heimlich davon.

Später, viel später erwachten sie aus ihrem Traum. Sie wussten nicht, ob das alles Wirklichkeit oder Traum gewesen war. Doch in ihren Herzen hatte Nathaniel tiefe Spuren hinterlassen und so fühlten sie, dass der himmlische Bote sie wahrhaftig besucht hatte.

Auf seinem Weg gen Himmel sinnierte Nathaniel über das Erlebte nach. Diesen Einfluss müsste man bei vielen Menschen geltend machen. Ein wenig zufrieden und glücklich schwebte er auf seiner Wolke. Im Prinzip war das Positive bei den Menschen vorhanden. Aber der göttliche Gedanke prägte sie noch nicht ausreichend genug. Und so kam es immer wieder zu negativen und bösartigen Handlungsweisen. Gegeneinander statt miteinander.

„Vielleicht, wenn immer Weihnachten wäre?" Urplötzlich schien die Lösung so einfach, so offensichtlich. Genau das würde seine Empfehlung am Ende des Erfahrungsberichts sein.

Interessiert hörten sich die Abgeordneten im Himmelsparlament den Ausführungen und Darstellungen des Engels als Gesandter des Himmels zu. Mit Erstaunen bei den *„Unbelehrbaren"* und Genugtuung bei der *„Goodwill-Fraktion"* vernahmen sie Taten von James. Allerdings legte Nathaniel auch offen, was er alles an Negativem gesehen hatte: Armut, Hunger, Krankheiten, Kriege, Neid und Missgunst. Die Wahrheitsliebe verpflichtete ihn dazu. Abschließend brachte er seinen Vorschlag ein.

Damit endete sein Auftrag, den er eigenverantwortlich erweitert hatte.

Die Mitglieder des Parlaments dankten ihm für seine Ausführungen. Dann wurde er aus dem hohen Hause gebeten, wie es sich nach den parlamentarischen Regeln gebührte.

Nathaniel bat, der Debatte als Gast beiwohnen zu dürfen, da ihn das Ergebnis stark interessieren würde.

Aufgrund seiner ausgezeichneten Arbeit gewährten die himmlischen Abgeordneten ihm diese seltene Gunst.

Als erstes musste er jedoch eine herbe Enttäuschung hinnehmen. Sein Vorschlag, Dauerweihnachten einzuführen, wurde abgelehnt. Die hohe Bedeutung und die starke Wirkung des Festes durften nicht durch Beliebigkeit entwertet werden. Die Menschen müssten endlich lernen, in ihrem Handeln auch im restlichen Jahr hilfsbereit und zuvorkommend zu sein. Und zwar auch dann, wenn das Weihnachtsfest als Gedankenstütze nicht präsent ist.

Anschließend verfielen die Abgeordneten wieder in ihren übliche, heftige Debatte, wobei jede der Fraktionen auf ihrem Standpunkt beharrte. Schließlich hatten alle Seiten für ihre Positionen von Nathaniel gute Argumente geliefert bekommen.

Schier endlos diskutierte man im Himmelsparlament. Das Jahr neigte sich unaufhörlich dem Ende entgegen und nicht eine Seite des neuen Jahrbuches war beschrieben. Geschweige denn, ein Beschluss dazu gefasst.

Um die Gefahr eines Nachtragsbeschlusses, der erst im neuen Jahr gefasst werden würde, zu vermeiden, denn dies hätte einige Tage leere Seiten im Jahrbuch bedeutet, ordnete Gott selbst an, dass nun abzustimmen sei.

Das Resultat war für alle unbefriedigend. Beide Fraktionen blieben bei ihren Positionen. Es gab keine abweichenden Stimmen. Somit gab es ein Patt.

Und nun?

Was sollte mit der Erde und den Menschen geschehen?

Bild 11: Kapstadt (Jochen Nagel)

Gott selbst fällte nun die Entscheidung allein. Ohne Himmelsparlament.

Es war ein Kompromiss, der allen das Gesicht wahren ließ und auch Nathaniels Gedanken nicht völlig außer Acht ließ.

Der Wille des Herrn war, den Menschen eine allerletzte Chance zu geben. Sie sollten die Gelegenheit bekommen, sich zu bessern.

Dazu sollte an diesem Heiligen Abend ein Kind geboren werden, welches die gütigen Gedanken Gottes unter den Menschen verbreiten sollte. Dieser kleine Erdenwurm, so hoffte er, würde endlich erreichen, dass die Menschen so denken und handeln, wie es würdig war. Nämlich wertschätzend, zugewandt und positiv.

Durch das eigene Verhalten, das Herausstellen des Guten, sollten die Menschen zum Guten bewegt werden.

Nathaniel schmunzelte. Ihm gefiel dieser Gedanke.

Wenn jedoch nach angemessener Zeit kein Erfolg ersichtlich sein sollte und die Menschheit sich weiter an Mensch, Tier und Umwelt vergehen sollte, müsste das Himmelsparlament neu beraten und schwerwiegende Entscheidungen treffen.

Und so geschah es!

So geschah es, dass in einem unscheinbaren Krankenhaus ein Kind geboren wurde. Sogleich nach der Geburt hatte es ein Lächeln auf den Lippen und strahlte von innen heraus etwas Gütiges und Gutes aus.

Dieses Wesen sollte von nun an den Menschen zeigen, wie schön das Leben sein kann, wenn man es mit den anderen Menschen lachend verbringt. Ganz im Sinne des Herrn.

Ein lebens- und liebenswertes Leben auf dieser Erde ist nämlich möglich. Und nicht nur rund um Weihnachten. Daran sollten wir alle denken.

Ob dieses Wesen schon geboren ist? Wir wissen es nicht. Suchen wir es in uns allen selbst. Es ist noch nicht zu spät.

E N D E

Bild 12: Santiago de Chile (Jochen Nagel)

Postweihnacht

Wenn Pakete bis zur Decke reichen,
und Briefe kommen ohne gleichen,
die Arbeit langsam geht und schwer,
weiß der Postler - es weihnachtet sehr.

Kaum mehr Zeit, sich zu besinnen,
Minute und Stunde rennen von hinnen,
keine Kerzen und kein Weihnachtsbaum,
Schlangen am Schalter sind kein Traum.

Wann kaufen wir denn die Geschenke?
Wenn dies einer mal bedenke.
Postweihnacht heißt Stress und Trubel,
kaum ein Gedanke an Freude und Jubel.

Wir wünschen allen ruhige Tage,
denn im Weihnachtsverkehr liefs ohne Klage
und Gott sei Dank auch ohne Kranke.
Wir sagen allen leise: DANKE.

Bild 13: Weihnachtsmarkt in Fulda (Jochen Nagel)

Weihnachtswunder oder wie ein Virus die Welt veränderte und Weihnachten doch Weihnachten blieb

1

Es war einmal und das ist noch gar nicht so lange her. Es war wieder einmal die Vorweihnachtszeit und die Menschen bereiteten sich gedanklich auf die Adventszeit, die Weihnachtsmärkte, das gemeinschaftliche Schmücken der Häuser und Wohnungen sowie das bewährte und bekannte, wenn auch nicht immer stressfreie Treffen mit der Familie und Freunden an den Feiertagen und auf das Weihnachtsfest vor.

Natürlich waren insbesondere die Kinder aufgeregt, ob die Geschenke, die sie sorgsam auf dem Wunschzettel platziert hatten, sei es als gemaltes Bild, sei es als Gedicht oder sei es als Brief an den Weihnachtsmann, auch unter dem Weihnachtsbaum liegen würden.

Es war einmal, wieder einmal eine spannende und angespannte, anregende und aufgeregte, fröhliche und nachdenkliche Zeit. Und manche Menschen würden an diesen Feiertagen das erste Mal ganz allein sein. Es war einmal - wie in jedem Jahr.

Die Menschen machten sich dabei so ihre Gedanken.

Würde alles gut gehen mit der Anreise der Familie? Oder gab es Schnee und Eis auf den Straßen? Kam der Zug mit Großmutter pünktlich? Würde wieder einmal zu viel gebacken und gekocht? Oder sollte man einfach einmal essen gehen und sich verwöhnen lassen? Ja, aber was würden die Mütter dazu sagen? Ist mein Essen nicht gut, schmeckt es zuhause nicht ebenfalls? Wäre es nicht besser, in diesem Jahr keine, zumindest keine kostspieligen Geschenke zu machen? Sollte man nicht lieber für Bedürftige spenden? Oder beides? Würde die Familie gut miteinander auskommen? Oder gäbe es Streit um Kleinigkeiten, unbedeutende Nichtigkeiten oder kommen grundsätzlich unterschiedliche Auffassungen zutage?

Würde der Zauber des Festes verfliegen oder gerade in diesem Jahr seine volle Pracht entfalten? Es gab so viele Gedanken. Es gab viele Sorgen. Und es gab unzählige Hoffnungen.

Welche Überraschung würde das Weihnachtsfest bereithalten?

2

Niemand mochte es vorherzusagen. Und so begaben sich die Menschen in ihren Alltag. Sie gingen zur

Schule oder zur Universität. Sie gingen zur Arbeit oder verrichteten häusliche Pflichten. Sie waren glücklich oder unzufrieden. So wie die Tage eben normalerweise verliefen. Alltag eben.

In die alljährliche Vorfreude mischte sich in diesem Jahr allerdings eine unbekannte, beinahe überwältigende Unsicherheit. Sie ergriff die Herzen und Seelen der Menschen. Quälend lähmende Sorge breitete sich aus. Ein bis dato nicht bekanntes und nie dagewesenes Virus griff weltweit um sich. Zahlreiche Menschen litten unter den furchtbaren Folgen der Infektion. In den Krankenhäusern kämpften Ärztinnen und Ärzte sowie das Pflegepersonal um das Leben der Erkrankten. Beinahe wie Astronauten in ihren Raumanzügen bewegten sie sich in weißen Schutzanzügen und mit Masken und rangen teils wochenlang mit Beatmungsgeräten und aller medizinischen Kunst, damit eine Chance auf Heilung bestand.

Nicht alle Menschen überlebten. Trotz guter Krankenhäuser, hervorragender Mediziner und unermüdlich engagiertem Personal. Die Bilder der zahllosen Särge, in denen die Menschen auf ihre würdevolle Bestattung warteten, schockierte. Nicht immer durften sich nahe Angehörige von ihren Lieben verabschieden. Fassungslos und traurig, berührt und verstört blieb manch einer zurück.

Menschen in Alters- und Pflegeheimen blieben allein, weil aus großer Furcht vor einer Ansteckung die Besuche behördlich untersagt wurden. Und dass ausgerechnet in der Vorweihnachtszeit. Hatten die Angehörigen in ihrem bisweilen hektischen Alltag eh schon zu wenig Zeit für Besuche, so fielen diese nun gänzlich dem Virus zum Opfer. Trostlosigkeit und Traurigkeit legte sich wie ein lähmender Angstschweiß über die Menschen.

Es war für alle eine emotionale Achterbahnfahrt, eine seelische und moralische Belastung. Eine schier unmenschliche Herausforderung.

Ein winziges, klitzekleines, ach so unscheinbares Virus hielt die ganze Welt in Schach, in seinem Bann und die Menschen außer Atem.

3

Wie sollte in dieser brisant dramatischen Lage weihnachtliche Stimmung aufkommen? Infektionszahlen, Inzidenzwerte, Hospitalisierungsraten und - täglich neue Todeszahlen. Anonyme Daten hinter denen sich menschliche Schicksale verbargen. Familiendramen. Trauer. Ängste. Wut. Und immer wieder Fassungslosigkeit. Wie sollte man denn mit den sich teils wiedersprechenden Empfehlungen der Fachleute umgehen? Kontakte vermeiden. Masken tragen. Drinnen ja.

Draußen nein. Abstand halten. Wie soll das gehen in einer vollen U-Bahn? Immer neue Regeln. Wenn die Experten sich schon nicht einig sind, wie soll ich es denn richtig machen?

Und all das ausgerechnet vor Weihnachten. Dem Fest der Liebe. Aber war es denn nicht gerade ein Ausdruck von Liebe und Zuneigung, wenn man auf den traditionellen Besuch an den Feiertagen verzichtete? Welche Vorwürfe würde man sich machen, wenn der Vater, die Mutter, der Großvater oder die Großmutter als Risikopatient angesteckt würde und deshalb möglicherweise sogar sterben würde? Was für eine immense Verantwortung.

Aber, und dies schwang ebenso bei den unkoordinierten, emotionalen Gedanken stets mit, was wäre, wenn dies das letzte gemeinsame Weihnachtsfest wäre? Hätte man dann nicht besser seine Eltern, Großeltern, Schwiegereltern und Geschwister besucht? Mit Abstand. Mit Vorsicht. Irgendwie.

Eine schwerwiegende Entscheidung, die viele Menschen zu treffen hatten. Manche, die an den Feiertagen allein sein würden, wünschten sich, eine solche Auswahlentscheidung treffen zu müssen oder Teil dieser Überlegungen zu sein, denn es gab niemanden, der sie besuchen würde oder den sie besuchen könnten. Dann wären sie nicht einsam. Doch all diese Überlegungen und Abwägungen währten nie allzu lang. Zu übermächtig, zu bedrohlich, zu gefährlich war das Virus und beherrschte die Gedanken. Man drehte sich im Kreis.

Es war einmal. Und das ist noch gar nicht so lange her. Weihnachten stand vor der Tür.

Bild 14: Hofbieber-Elters (Jochen Nagel)

4

Jana kam an diesem Abend wieder einmal völlig erschöpft von der Arbeit. Sie war im Rechtsreferat tätig und musste trotz der pandemischen Lage von nationaler Tragweite alle zwei Tage ins Büro. Die Gerichtsverfahren liefen ja weiter. Auch wenn sie die Aufgaben locker von zuhause hätte erledigen können. Im Homeoffice sozusagen. Aber ihr Arbeitgeber wollte es so. Manchmal fühlte sie sich als Mitarbeiterin zweiter Klasse, weil alle anderen Abteilungen zwangsweise im Homeoffice waren. Nur ihre Abteilung nicht. War das gerecht? Natürlich nicht. Aber, was sollte sie schon machen als kleines Licht?

Insofern empfand sie diese Tage mit einer medizinischen Nase über Mund und Nase im öffentlichen Nahverkehr auf dem Weg von und zur Arbeit sowie bei Gericht besonders belastend. Sie musste lauter sprechen, weil die Maske die Lautstärke dämpfte und so ihre Stimme stark beansprucht war. Ihre Brille beschlug regelmäßig, was sie beim Lesen der Schriftstücke im Gerichtssaal behinderte. Es war einfach ätzend. Würde so ein winziges Stückchen Stoff tatsächlich gegen solch ein wirkmächtiges Virus helfen. Jana hoffte es. Und auch aus Rücksicht und Solidarität gegenüber den anderen Menschen, insbesondere den Schwächeren und Kranken, ertrug sie es.

Müde ließ sie sich auf das grüne Sofa fallen. Ihr grünes Sofa mit den braunen Kissen, ihren Kuscheltieren und der Kuscheldecke mit den kleinen Kätzchen drauf. Eigentlich hatte sie heute zu nichts mehr Lust. Ihr fehlte nach dem anstrengenden Arbeitstag jeglicher Antrieb für irgendwelche Freizeitaktivitäten. Neben der Arbeit taten die Sorgen um die an Demenz erkrankte Mutter und den an Bluthochdruck leidenden

Vater ihr Übriges gegen einen entspannten Feier-
abend. Und jetzt kommt auch noch Weihnachten,
dachte sie und schnaufte leicht vor sich hin.

In jedem Jahr, na, ja, bis auf diese eine Ausnahme,
fuhren sie und ihr Mann an den Feiertagen nach
Hause. Familienbesuch. Familientradition. Es gab da-
bei gute Zeiten mit friedvoll-harmonischen Weihnach-
ten. Selten, aber es gab sie. Und da blieben die auf-
wühlenden Erinnerungen an Reibereien, Streit und
frühzeitige Abreisen. Dazu der immer stärker zuneh-
mende Verkehr auf den immer voller werdenden Stra-
ßen. Nervend.

Doch würden es die Eltern verstehen, dachte Jana,
wenn sie in diesem Jahr nicht kamen? Um sie zu
schützen. Vor der tückischen Krankheit. Ihre Groß-
mutter Rosa hätte sie verstanden, schmunzelte Jana.
Sie hatte ein großes Herz voller Liebe, Güte und Ver-
ständnis.

„Ach," seufzte Jana, „was machen wir denn bloß mit
Weihnachten. Ich weiß mir keinen Rat."

5

Ihr Ehemann Joachim, ein Gewerkschaftsaktivist, sah
in ihre traurigen, grau-grünen Augen. Er erkannte die
Hoffnungs- und Auswegslosigkeit, die sich darin

tiefgründig spiegelten. Viel zu oft hatten sie bereits über die schwierige Entscheidung diskutiert und letztlich noch keine getroffen. Und leider halfen die anlässlich der Pandemie erlassenen Gesetze und Verordnungen sowie die Kakophonie der Experten auch nicht weiter. Jeden Tag erzählte irgendein anderer mutmaßlicher Experte eine neue Variante von angeblichen Erkenntnissen. Alle fuhren erkennbar „auf Sicht" im Nebel des Virus.

„Was ist denn mit dir los, mein Schatz? Komm doch einmal zu mir," versuchte er seine Frau aus der Lethargie der Traurigkeit zu holen und zudem ein wenig aufzumuntern.

Als Jana auf seinem Schoß saß, kullerten ihr die Tränen über die glühenden Wangen. Wie glitzernde Diamanten rannen sie in ihre Grübchen um die Mundwinkel hinab und tropften in ihre zarten Hände. „Ich weiß es doch auch nicht. Ich will doch bloß, dass alles wieder normal wird," schluchzte Jana und schmiegte sich an seine Schulter.

So saßen sie eine Weile zusammen, hielten einander fest und gaben sich gegenseitig aufmunternden Zuspruch. Der Fluss der Tränen versiegte und ganz tief unten erkannte Joachim die leuchtenden Augen.

„Weißt du," hob Joachim an, „wir haben jetzt so oft über diese Feiertagsfrage diskutiert und keine gute oder zumindest zufriedenstellende Lösung für alle gefunden. Heute, an diesem Abend, wollen wir sie nicht erneut führen. Du bist erschöpft. Ich fühle mich auch irgendwie ausgebrannt. Wir haben doch noch Zeit. Wir sollten uns heute Abend darauf konzentrieren, wenigstens ein bisschen weihnachtliche Stimmung aufkeimen zu lassen und von den Alltagsanstrengungen abzulenken. Ich habe in einem der Privatsender gesehen, dass sie dort jeden Tag einen Weihnachtsfilm zeigen. Vielleicht hilft uns etwas Zerstreuung, um eine kluge Entscheidung für die Feiertage zu treffen?"

Ja, die Stimmung war in der Tat nirgends vorweihnachtlich. Auf den zentralen Plätzen fehlten die Weihnachtsmärkte mit ihrem filigranen Kunsthandwerk, den duftenden Ständen mit Bratäpfeln oder Bratwurst, sowie die Kommunikationsinseln, bei einem Glühwein über Gott und die Welt zu sprechen. Es fehlte zudem die stimmungsvolle Illumination. Und der Schnee. Die weißen tanzenden Flocken, die fröhlich leicht vom Himmel fielen, Dächer und Straßen bedeckten, das Haar befeuchteten und die Augen glänzen ließen. Eine Flocke mit der Zunge auffangen bereitete nicht nur den Kindern Freude und ließ alle von einer weißen Weihnacht träumen. Jetzt war es überhaupt nicht weihnachtlich. Kalte und verwaiste Plätze, über die der Wind pfiff und die feucht vom Nieselregen glitschig wurden. Menschen eilten vorbei, um dem böigen Wind zu entfliehen. Alles schien grau in grau. Und überall blieb das Virus drohend in den Hinterköpfen.

6

„So machen wir es," schnaufte Jana sichtlich erleichtert etwas durch, „was gibt es denn heute?"

„Winter Castle," entgegnete Joachim, „eine Romanze im Eishotel. Das hört sich, finde ich, doch beruhigend, anregend, ermunternd und weihnachtlich an."

Und so tauchten die beiden in die Geschichte von Jenny ein. Als sie auf der Winterhochzeit ihrer Schwester Meg auf Craig trifft, schmilzt ihr Herz dahin. Das Hotel aus Eis ist ein Traum und der Trauzeuge magisch. Die Begeisterung und Hoffnung auf eine winterliche Romanze schwinden, weil Craig eine Begleitung mitgebracht hat. Lana. Als Lana jedoch unerwartet nach Kalifornien abreisen muss, kommen Craig und Jenny sich endlich näher. Happy End Modus.

„Na, war das eine gute Idee?"

Jana lächelte. Erstmals wieder nach vielen sorgenvollen Tagen und schlaflosen Nächten, in denen sie sich rast- und ruhelos im Bett gewälzt hatte.

„Ja, zwei Stunden einfach abschalten und die, wenn auch vorhersehbare, Story genießen. Das fand ich sehr schön. Ich bin bereits gespannt, ob in den weiteren angekündigten Filmen auch wieder heißer Kakao und Marshmallows vorkommen werden?"

In dieser Nacht schliefen sie gut. Die Sorgen um ihre Angehörigen, die Entscheidung pro oder contra einer weihnachtlichen Heimfahrt und die schlimmen Nachrichten rund um das Virus blieben für zwei Stunden verschwunden. Verdrängt schien auch das Gefühl, eingesperrt zu sein. Außer lebenswichtigen Geschäften unter anderem für Lebensmittel ruhte das öffentliche Leben. Kein Theater. Kein Kino. Keine Restaurants. Sogar Reisen über die Landesgrenzen waren verboten. Das Virus regierte mit eiserner Hand und die Regierenden sorgten für eine erhebliche Begrenzung des eigenen Radius. Der persönlichen Freiheit. Und auch der eigenen mentalen Grenzen. Die Welt wurde klein. Immer die gleichen Spazierwege. Immer die gleichen Menschen. Tägliche Routine in einer immer kleiner werdenden Welt. Man schien zu verkümmern.

Die widersprüchlichen und teils panischen Nachrichten taten ihr Übriges und beruhigten nicht wirklich. Man war allein mit seinen Sorgen und Ängsten. Wie wird es weitergehen? Wird es jemals wieder „normal"? Diese Pein knabberte an der Seele. Sie legte Verzweiflung und Wut frei. Und Ratlosigkeit. Wahrlich beängstigend.

Da taten die abendlichen, von leichter und eher anspruchsloser Unterhaltung geprägten Weihnachtsfilme gut. Balsam für die Seele. Entspannung für den geschundenen Geist. Dabei schien es gleichgültig, ob Jana und Joachim bei der „Liebe im Weihnachtspark" die Liaison der Eventplanerin Rachel mit Luke, dem Leiter eines Themenparks rund um die Countrysängerin Dolly Parton zusahen, und miterleben durften, wie Luke, der Selfmademan sich endlich helfen ließ, oder bei „Eine einzigartige Weihnachtsblume" miterlebten, wie die Hochzeitsplanerin Jessica für eine besondere (besonders schwierige) Kundin nach Alaska reist, um dort nach einer seltenen Weihnachtsblume zu suchen. Natürlich findet sie diese und ganz nebenbei auch ihre große Liebe in einem gutaussehenden Einheimischen obendrein.

Friede. Freude. Eierplätzchen.

Für den kurzen Moment eines Augenblicks lag der magische Weihnachtszauber in der Luft und ergriff Jana und Joachim. Greifbar und spürbar, obwohl er nur über den Bildschirm flimmerte. Für einen Hauch von zwei Stunden verlor das Virus seine Macht und seinen Schrecken. Für die Dauer eines Filmes schien die Welt wieder normal.

Bild 15: Siebengebirge (Jochen Nagel)

7

„Habe ich es dir nicht vorher gesagt?" schmunzelte Jana am Ende eines Filmes, „es gibt immer, wirklich immer heißen Kakao, Marshmallows und einen ge- schmückten Weihnachtsbaum. Darauf kann man sich echt verlassen."

Joachim schmunzelte zurück. „Und die Liebe. Vergiss die Liebe nicht."

Es waren die verlässlichen Dinge, die in bewegten Zeiten wichtig waren. Kleine Dinge. Und große Dinge.

Zu diesen Dingen gehörte auch die alltägliche Pflicht. Gerichtsakten mussten sehr sorgfältig geordnet, Schriftsätze genauestens studiert und deren Qualität gesichert werden und wichtige Gespräche mit Vorgesetzten wie Kolleginnen und Kollegen - jetzt allerdings mit Maske im Gesicht - geführt werden. Manchmal nervte es.

Und nicht minder strengte die Arbeit im Homeoffice an. Der winzige Bildschirm, auf den sie starren musste. Das lockere Gespräch mit Kolleginnen und Kollegen in der Cafeteria, vielleicht auch einmal bei einem Stückchen Kuchen, fehlte. Normalität, sie war jetzt plötzlich anders.

Es gab stattdessen eher unpersönliche E-Mails und ständige Telefonate. Und dazu diese nervigen Videokonferenzen. Ja, sie konnten sich sehen und dabei miteinander kommunizieren. Aber das war doch nicht wirklich real. Es fehlten Gestik und Mimik. Ein spontanes Lächeln, das die kleinen Fältchen freisetzte. Oder das Verdrehen der Augen. Ein Zwinkern. Non-verbale Kommunikation. Und überhaupt. Eigentlich sah man im Lichte der Kamera objektiv immer irgendwie krank aus. Wollten wir so wirklich ständig leben? War das die Alternative?

„Der Mensch braucht doch menschliche Wärme. Er benötigt Zuwendung und Wertschätzung. Persönlichen Kontakt von Angesicht zu Angesicht. Umarmungen. Wir vereinsamen doch in unserer digitalisierten, individualisierten Welt. Nie hatten wir mehr Kommunikationskanäle und nie hatten wir uns weniger zu sagen. Und das ausgerechnet zu Weihnachten," dachte Jana und finalisierte einen wichtigen Brief an das Verwaltungsgericht.

Dann beendete sie ihr Tagwerk und rief nach Joachim, der im Arbeitszimmer unterm Dach werkelte, er möge doch auch endlich den Feierabend einläuten.

Nie war er rechtzeitig fertig. Ja, das war der Fluch der Technik. Einerseits schien das Homeoffice ein Segen, um dem Virus im Bus und in der U-Bahn aus dem Weg zu gehen. Andererseits waren sie jetzt ständig erreichbar. Besonders ihr Mann. Nie schaltete er wirklich ab. Den Rechner nicht. Und den Kopf auch nicht. Hier noch ein flüchtiger Blick in die letzten E-Mails. Rasch noch eine Antwort rausgehauen. Dort noch eine Terminerinnerung an eine Besprechung. Kurz bestätigt. Ach, ja, und selbstverständlich gab es im weltweiten Netz immer etwas zu entdecken, zu recherchieren, zu finden. Fluch und Segen.

Ob es allerdings ohne die Pandemie in diesem Umfang und in dieser Geschwindigkeit Heimarbeit gegeben hätte, da zweifelte Jana. Zu Recht. Viel zu viele Arbeitgeberinnen und Arbeitgeber wollten ihre Leute um sich scharen. Misstrauen statt Vertrauen. Auch bei ihrem Arbeitgeber gab es noch viel zu viele Vorgesetzte, die nicht über die Distanz führen konnten. „Wer nicht über die Distanz führen kann, ist auch keine Führungskraft," dachte Jana und wollte gerade wieder nach ihrem Mann rufen.

„Warum rufst du?" antwortete Joachim, „ich bin doch schon da, habe einen Kaffee gekocht und Kekse geholt. Wie wäre es dazu mit einem Weihnachtsfilm?"

Jana konnte es kaum glauben. Beinahe ohne verspäteten Feierabend und schon Kaffee gekocht. Unglaublich. Aber wahr. Das passte ihr ziemlich gut nach einem anstrengenden Arbeitstag.

„Gute Idee. Meinen Tag fand ich sehr belastend," gab Jana zurück, „da brauche ich keine Tageszeitung oder Nachrichten mit schlechten Neuigkeiten."

Anschließend kuschelten sie sich in eine Decke, nahmen die heißen Getränke und das Gebäck und ließen sich „Weihnachten Undercover" auf sich wirken. Schnell schalteten sie vom Alltag ab und verfolgten den Film.

Beim Streit zwischen Ashley und Dash um den letzten Mietwagen nach Hause und dem ein wenig künstlich arrangierten Agentenhintergrund vergaßen beide das Virus. Nach dem Chaos mit Flugausfällen müssen sich zwei scheinbar zufällig zusammenkommende Menschen einen Mietwagen teilen, um an den Feiertagen nach Hause zu gelangen. Diese Reise verläuft nicht nach Plan. Es kommt zu allerlei komischen Situationen. Nun, ja, und nach einigen Verwicklungen findet der Film sein Happy End.

Aus so einem guten Ende für zwei Menschen, selbst wenn es nur ein Film ist, lässt sich Hoffnung schöpfen. Hoffnung für einen neuen Tag. Hoffnung für eine neue Woche. Für ein neues Jahr.

8

Und Hoffnung war es, was sie jetzt dringend benötigten. Nicht nur Jana und Joachim. Aber auch sie. Die ständigen, teils schrecklichen Berichte von Infektionen, Inzidenzwerten, Hospitalisierungsraten und Virusvarianten, die noch gefährlicher sein sollten, strengten enorm an und erschöpften körperlich wie mental. Daneben gab es die Menschen, die fest überzeugt behaupteten, alles sei nur erfunden, um die Gesellschaft zu unterdrücken. Dabei konnte man doch die vielen Toten, die Särge und die Begräbnisse doch sehen. Alles nur Lüge? Es belastete.

Besorgt beobachteten Jana und Joachim, wie die Gesellschaft zusehends auseinanderdriftete. Es gab kaum einen Tag, an dem nicht darüber diskutiert oder heftig gestritten wurde, wer denn nun am meisten unter den Folgen des Virus zu leiden hatte. Die Jungen. Die Alten. Die Kranken. Die Berufstätigen. Die Eltern. Die Einsamen. Dabei trafen die Maßnahmen, mit denen das Virus eingedämmt werden sollte, doch eigentlich alle.

Schulschließungen mussten Schülerinnen und Schüler, Lehrerinnen und Lehrer sowie die Eltern bewältigen. Universitäten, die Online lehrten, waren für Professur wie Studierende herausfordernd. Homeoffice forderte die Berufstätigen, und zwar egal, ob man zuhause arbeiten durfte oder in die Fabrik oder das Büro sollte. Besuchsverbote in Alten- und Pflegeheimen sowie Krankenhäusern erschwerten das tägliche Leben und damit auch die Genesung, das Wohlbefinden. Das medizinische Personal leistete unmenschliches über die Belastungsgrenze hinaus. Da waren

Reisebeschränkungen, geschlossene Theater und Gaststätten rudimentäre Einschränkungen. Das öffentliche Leben stand still und traf jede und jeden.

Es gab auf all diese Debatten um besondere Belastungen keine absolute Antwort. Eine ausgefallene Kommunionsfeier war ebenso schwierig bis gar nicht nachzuholen wie eine abgesagte Abiturfeier. Eine goldene Hochzeit konnte genauso wenig termingerecht gefeiert werden wie ein runder Geburtstag.

Alle Menschen waren betroffen. Irgendwie. Alle Menschen litten - mehr oder weniger - unter den Einschränkungen. Kreativität für Mitmenschlichkeit war gefragt.

Eine zurückhaltende Feier im kleinen Rahmen im Garten. Ein zweisames Picknick am Ufer des Rheins. Ein zugewandtes Gespräch am Telefon oder via Skype. Ein handgeschriebener Brief. Ein kleines Konzert vor einem Seniorenheim. Ja, das war anstrengend. Ja, das kostete Mühe und Kraft. Aber es war es wert. Das war der Preis für ethisch moralische Verantwortung.

9

Jana spürte diese Verantwortung. Je näher das nächste Wochenende und damit das vertraute

Telefonat mit ihrem Bruder rückte, desto mehr fürchtete sie sich vor der alles entscheidenden Frage.

„Wann kommt ihr denn Weihnachten?"

Sie wusste es nicht. Ihre Mutter, zu der sie schon immer ein angespanntes Verhältnis hatte, erkannte sie ob der fortgeschrittenen Demenz bereits seit längerer Zeit nicht mehr. Sie verlor immer mehr an Gewicht, wurde immer dünner. Das Aufstehen fiel ihr sichtbar schwer und das Essen, dass sie stets so gerne genüsslich eingenommen hatte, bereitete täglich weniger Freude. Nichts war beim Füttern oder dem Essen mit der Hand mehr erkennbar, wie gerne sie gespeist, nein, getafelt hatte.

Jana wollte jetzt nicht das Virus, dieses tödliche Virus, welches sie möglicherweise unwissentlich durch irgendeinen, vielleicht dienstlichen Kontakt aufgeschnappt hatte, ausgerechnet an Weihnachten mit nach Hause bringen. Und dann ihre kranke Mutter anstecken. Oder ihren an Bluthochdruck leidenden Vater.

Was jedoch, wenn das Virus noch eine lange Zeit, vielleicht mehrere Jahre tobte? Was wäre, wenn dieses Weihnachtsfest die letzte Gelegenheit wäre, ihre eigene Mutter lebend zu sehen?

So sehr Jana auch grübelte, sie fand keine Antwort.

„Was sage ich denn, wenn Mario mich am Sonntag nach Weihnachten fragt"?

Joachim nahm sie in den Arm. „Erst einmal sagst du nichts. Wir wissen doch viel zu wenig. Die Regierung will doch noch neue Beschlüsse fassen. Sie wollen das öffentliche Leben über den ganzen Winter herunter-gefahren lassen, und zwar vollständig. Wir können nichts sagen. Als Beamte müssen wir uns an die Ge-setze halten. Wir warten ab."

Ganz leicht schüttelte Jana ihren Kopf, obwohl sie ahnte, dass ihr Mann richtig liegen könnte.

„Du weißt doch," begann sie mit ihrer Entgegnung, „ich warte nicht gerne ab."

„In der Tat. Du bist gradlinig, offen und sagst immer deine Meinung. Geradeheraus. Dafür liebe ich dich ja so sehr. Natürlich können wir jetzt entscheiden und für Weihnachten zu- oder absagen. Wenn wir jedoch zusagen, erwarten alle, dass wir auch kommen. Wie groß wäre die Enttäuschung, wenn wir zum Beispiel wegen gesetzlicher Verbote wieder absagen? Ob alle unsere Lieben die übergeordneten Gründe des Ge-sundheitsschutzes verstehen? Die Regierung erwägt ja sogar, die Christmette zu untersagen oder zumindest sehr stark einzuschränken. Weil dort gerade an Weihnachten besonders viele Menschen zusammenkommen, miteinander beten und miteinander singen und sich dadurch mit dem Virus anstecken könnten. Wir haben doch noch mehr als zwei Wochen Zeit. Lass uns nichts überstürzen."

Jana nickte schweren Herzens. „Aber das alles macht mich so fürchterlich mürbe. Es gibt scheinbar kein Licht am Horizont. Nirgends ist ein Ausweg aus der Krise zu erkennen. Es bedrückt mich, eigentlich alles nur falsch machen zu können. Und zwar egal, wie wir uns entscheiden."

Zärtlich umarmte Joachim seine Frau. „Ja, das stimmt. Für uns bleibt die Last der Verantwortung. Verantwortung für uns und unsere Gesundheit. Und ebenso die Verantwortung für die Gesundheit unserer Angehörigen. Auch wenn wir schon einmal zu hören bekommen, dass sie noch keinen Coronakranken kennen. Über diese schwere und bedrückende Entscheidung sollten wir mental befreit nachdenken. Die Zeiten sind schwierig genug."

10

Für eine Weile standen sie schweigend in enger Umarmung im Wohnzimmer. Dann brach Jana das

Schweigen und fragte: „Und was wollen wir tun, um die angespannte Situation positiver zu gestalten?"

„In der Rheinallee gibt es doch dieses neue Restaurant. Wir sind dort mehrfach auf dem Weg zum Rhein vorbeigegangen und wollten dort essen."

„Ja, aber ich denke, alle Gaststätten sind geschlossen?"

„So ist es auch. Aber einige bieten einen Abholservice, um wenigstens eine kleine Einnahmemöglichkeit zu haben und den Betrieb über Wasser zu halten. So auch die Rheinzeit. Ich schlage vor, wir suchen uns ein leckeres Abendessen, unterstützen den neuen Wirt und tauchen in ein Weihnachtsfilmwochenende ein. Vielleicht sind wir nach diesen Tagen etwas schlauer?"

Jana strahlte aus ihren grau-grünen Augen, wie sie schon lange nicht mehr gestrahlt hatte. Und so geschah es. Das Weihnachtsfilmwochenende.

Sie bestellten Essen für ein gutes Diner, Joachim holte es flugs ab und sie genossen die vorzüglichen Speise. Die Rheinzeit sollte sich danach zu einem neuen Stammlokal der beiden entwickeln. So hatte das Virus auch etwas Gutes.

Bild 16: Rhein (Jochen Nagel)

Anschließend schwelgten sie mit leichter Weihnachts-
unterhaltung durch das Wochenende. „Der Weih-
nachtsfluch. Nichts als die Wahrheit." Dieser Streifen
erheiterte Jana und Joachim. Nach einer ungewöhnli-
chen Begegnung mit dem Weihnachtsmann kann Gil-
lian nur noch die Wahrheit sagen. Das ist besonders
brisant, weil sie als politische Beraterin bisher erfolg-
reich ihren Freund George, der als Bürgermeister
kandidiert, berät. Da lässt sie schon einmal Fakten
weg oder legt Fragen geschmeidig aus. Weihnachten
soll sie nun endlich seine Eltern kennenlernen. Weil
sie einem Kind ein beliebtes Spielzeug („Poppy Dot")
flunkernd abschwätzt, belegt sie Santa Claus mit ei-
nem Fluch. Sie kann nicht mehr lügen. Das bringt et-
liche skurrile Erlebnisse mit sich und Gillian in die Si-
tuation, sich entscheiden zu müssen, was wirklich
wichtig ist. Karriere verbunden mit „eigenen Wahrhei-
ten." Oder Wahrheit und Liebe?

Da der Abend noch jung ist, verfolgen Jana und
Joachim auch die sich anbahnende Romanze zwischen
Jessica, einer Filmproduzentin, und Matt, dem Bür-
germeister einer Kleinstadt, in der ein Film gedreht
werden soll.

„Ein Filmstar zu Weihnachten" stellt den kleinen Ort
Homestead und das Leben des Bürgermeisters auf
den Kopf. Nicht nur, weil dadurch die zahlreichen

Weihnachtstraditionen über den Haufen geworfen werden können, sondern vor allem, weil sich eine Romanze zwischen dem alleinerziehenden Vater und Jessica, der Produzentin und dem Star des Films trotz aller Widerstände anbahnt.

Trotz oder vielleicht gerade wegen der seichten Unterhaltung scheinen an diesem Abend Janas schwermütige Gedanken verflogen zu sein.

„Das waren zwei schöne Filme," sagt sie und unterdrückt ein leichtes Gähnen, „wie wäre es jetzt mit einer Runde Kuscheln?"

„Einverstanden, meine Murmelburgprinzessin."

11

Liebe lässt die Herzen schmelzen. Im wahren Leben und im Film. Wobei der Film nicht selten die überhöhte Wahrheit der Realität abzubilden versucht. Mit der Liebe lassen sich Grenzen überwinden und Dinge erreichen, die ohne diese große, unsichtbare und unwiderstehliche Kraft unmöglich scheinen.

Das erlebt auch die ehemalige Eiskunstläuferin Courtney. Sie stemmt sich gegen die Schließung einer öffentlichen Eisbahn. Denn diese Einrichtung ist gerade für Ärmere und Bedürftige eine wichtige Sportanlage. Aber ebenso Kommunikationsort und

Treffpunkt für Liebespaare. Der Bürgermeister möchte die Anlage jedoch schließen; sie ist ihm schlichtweg zu teuer.

Bei ihrem Vorhaben, die Bahn zu retten, bekommt Courtney Unterstützung von Noah, einem ehemaligen Eishockeyprofi. Ihre intensive Zusammenarbeit bleibt nicht ohne Folgen. „Christmas on Ice. Liebe lässt die Herzen schmelzen," zaubert Tatkraft, Einfallsreichtum, Überzeugungswillen und die Liebe hervor.

Für ein dankbares Wochenende verdrängt Jana die dunklen Gedanken rund um das Virus und vermeidet es geschickt, bei ihrem Bruder das Weihnachtsthema anzusprechen. Dabei ist sie insgeheim froh, dass auch er es nicht tut. Wer von beiden die größere Angst vor der Diskussion und der möglichen Antwort hat, bleibt offen. Sie bleibt zwar unausgesprochen ohne Lösung wie ein Damoklesschwert im Raum stehen, stört aber die erleichterte Stimmung erst einmal nicht.

Nach einem kuscheligen Sonntag, der sich draußen der epidemischen Lage von nationaler Tragweite entsprechend grau und düster zeigt, steht die nächste hektische Arbeitswoche bevor. Warum muss es bloß gegen Jahresende immer so viel zu tun geben? Es schien in jedem Jahr so, als würde an Silvester die

Zeit stehenbleiben und kein neues Jahr mehr folgen. Verrückte Zeiten.

Bild 17: Playa San Juan - Teneriffa (Jochen Nagel)

Jana und Joachim trotzen dem Wetter. Drinnen. Sie holten sich die Geschichte von „Weihnachten in der Holly Lane" ins Wohnzimmer. Die Kindheitsfreundinnen Sarah, Riley und Cat kehren als Erwachsene in ihre Heimatstadt zurück und erinnern sich an glückliche Weihnachtsfeste, die sie gemeinsam miteinander verbrachten. Nun wollen sie den Weihnachtszauber von früher wieder zum Leben erwecken. Eine Geschichte von gescheiterten Lebensträumen, enttäuschten Erwartungen und der unbändigen Kraft der Freundschaft über Zeit und Raum hinweg.

12

Das war eine gute Basis für die neue Arbeitswoche. Sie beginnt mit einem Heimarbeitstag. Das ist auch gut so, denn der Himmel ist weiter grau. Tief und schwer hängen die Wolken, aus denen es immer wieder regnet. Feucht glitzert der Asphalt. Wo bleibt nur der erste Schnee?

„Eigentlich mag ich das Homeoffice ja nicht," beginnt Jana an diesem Montag beim gemeinsamen Frühstück, „aber etwas länger schlafen, mit dir zusammen frühstücken und mittags spazieren zu gehen, hat schon etwas. Daran könnte ich mich gewöhnen. An die ganzen Einschränkungen niemals."

Joachim lächelt schelmisch, nachdem er die Kaffeetasse abgesetzt hat. „Na, dann üben wir jetzt schon einmal für die Rente."

Jetzt platzt es aus beiden heraus und sie lachend schallend, befreit und voll inständiger Fröhlichkeit. Erstmals seit Wochen unbeschwert und ohne Gedanken an das Virus.

„Vielleicht hast du ja Recht," sinnierte Jana, „vielleicht sind die verklärten Weihnachtsfilme genau die richtige Medizin, um Abstand von den quälenden Gedanken an eine furchtbare Erkrankung durch das Virus und all seine Folgen, gesundheitlich, wirtschaftlich und gesellschaftlich, zumindest für eine winzige Weile zu verdrängen, nicht zu vergessen. Doch die weiße Wunderwelt, die Liebe und das Weihnachtsfest im Mittelpunkt sowie das ganz sicher gute Ende lassen bei mir nun doch auch einmal Weihnachtsstimmung aufblitzen. Trotz allem."

Danach debattieren sie, ob der zweite Teil von „Winter Castle. Eine winterliche Liebe" der schönere von beiden war. In diesem Teil, der keine echte Fortsetzung darstellte, soll Hannah zu Recherchezwecken das Eishotel in Kanada anschauen. Eigentlich mag sie wärmere Reiseziele, aber es geht für sie auch um eine Beförderung. Für den beruflichen Aufstieg nimmt sie, wenn auch zunächst mit Widerwillen, den Auftrag an. Ihre negativen Gedanken sind wie weggeblasen, als sie den Besitzer des Hotels kennenlernt. Doch sie ist nicht die Einzige, die ein Auge auf ihn geworfen hat. Ben ist attraktiv.

„Mir hat der erste Teil besser gefallen," warf Jana ein.

„Ich finde, vergleichen kann man die beiden Filme nicht," befand Joachim, „aber mir hat der erste Teil ebenfalls besser gefallen."

„Sag ich doch," kam beinahe trotzig zurück, „wollen wir heute abermals einen Weihnachtsfilm ansehen?"

„Sehr gerne," gestand Joachim, „mit dir immer sehr gerne."

13

Mit dem Schwung der Reiseleiterin Hannah, die für ihre Karriere etwas gewagt hatte, und der Vorfreude auf einen gemeinsamen Abend stürzten sich beide im Homeoffice in ihre jeweilige Arbeit, die sie an diesem Tag außerordentlich fordern und lange am Schreibtisch halten würde. Nur der Mittagsspaziergang auf den immergleichen ausgetretenen Pfaden unterbrach ihr Tun. Dafür hatte Petrus ein Einsehen und schenkte just zur Pause ein wenig Sonne mit blauem Himmel.

Zeit zum Durchschnaufen.

Das brauchte Jana an diesem Tag auch dringend. Zeit zum Durchschnaufen. Ihr Ansprechpartner beim Second-Level-Support, der keine Lösung für die anhaltenden Probleme bei der Gerichtssoftware fand und sich dazu relativ unfreundlich und umständlich präsentierte, brachte sie auch mit dem Abstand der zahlreichen Schritte durch die Rheinaue noch auf die Palme. Wie bei ihrer Patentante bildeten sich rote Flecken in ihrem Ausschnitt. Eine deutliches Zeichen für die anhaltende Aufregung.

„Der war ja wie der Schneemann. Eiskalt und unpersönlich. Frech und abweisend,‟ platzte es unvermittelt aus ihr heraus, kurz bevor sie die Haustüre erreichten.

„Wen meinst du?‟ fragte Joachim irritiert, „den Menschen von der IT-Firma oder irgendwen aus einem Film?‟

„Ja, auch, aber du weißt schon, wen ich meine,‟ warf Jana ein, „den Geschäftsmann aus dem Film „Rendezvous mit einem Schneemann.‟ Der Chef einer Spielzeugfirma, der nichts für Weihnachten übrig hat, aber bei den Partyplanerinnen Ella und Marianne für Probleme bei der Umsetzung eines Events sorgt. Den Schneemann meine ich. Und den IT-Freak auch.‟

„Ach, ja, jetzt weiß ich es wieder. Ich hatte es mit dem Film verwechselt, bei dem der eiskalte Typ einer Familie noch vor Weihnachten das Café wegnehmen und abreißen lassen will („Weihnachten im Starlight Café"). Aber nun weiß ich, an wen du denkst. Ist denn noch alles gut gegangen? Dann klappt es gewiss auch mit dem Support für deine Gerichtssoftware," bekräftigte Joachim und wollte Jana Mut machen.

Inzwischen hatte sich Jana beruhigt. Die roten Pusteln in ihrem Ausschnitt waren verschwunden. Und durch ihr sehr nachdrückliches Agieren war sie arbeitsfähig. Die Gerichtssoftware funktionierte. Geht doch. Allerdings kostete sie die IT jetzt ein paar Überstunden, denn durch die Verzögerungen musste sie ihr Pensum noch aufarbeiten.

Über die alltägliche Arbeitsbelastung trat die immer noch gefährliche und virulente Lage rund um das Virus für eine Weile in den Hintergrund. Ja, sie verfolgten aufmerksam die Nachrichten und Sondersendungen. Sie informierten sich via Presse und Internet über die Entwicklungen. Dabei nahmen sie das Chaos rund um die Schulschließungen ebenso auf wie den Schulbetrieb bei geöffnetem Fenster. Im Dezember! Ja, sie empfanden sich weiter stark eingegrenzt in ihrer persönlichen Freiheit. Aber vor dem Hintergrund der zahlreichen Aufgaben, die sie zu bewältigen hatten, verdrängten sie für eine kleine Weile die Hysterie rund um die Pandemie. Und auch um die weihnachtliche Familienheimfahrtreisefrage.

Plötzlich riss sie ein Telefonat mit ihrem Mieter aus der alltäglichen Routine. Habib, ein Geflüchteter vor dem Krieg in Aleppo, Syrien, bat um Hilfe. In der Küche funktioniere die Dunstabzugshaube nicht richtig. Küche Technik kaputt.

„Jana," fing Joachim an, „ich gehe einmal zu Habibi und schaue mir die Lage vor Ort an."

„Sei bitte vorsichtig und halte Abstand," mahnte Jana besorgt.

„Das tue ich. Weder möchte ich mich selbst anstecken noch Julia gefährden," versicherte Joachim.

Die Tochter von Hayfa und Habib war mit einem schweren Herzfehler zur Welt gekommen. Sie hatte glücklicherweise überlebt, weil sie in einem sicheren Land auf die Welt gekommen war. Zwar fern der ihr unbekannten Heimat. Aber dafür auch fern von Krieg und Tod.

Das kleine, zarte Mädchen war durch den Herzfehler und die anschließenden Operationen jedoch eine Risikopatientin. Sie bedurfte großer Aufmerksamkeit und Fürsorge. Sie bedurfte erhöhtem Schutz. Daher ging sie momentan auch nicht in den Kindergarten, um Kontakte zu verringern. Eigentlich tat ihr der Kontakt mit anderen Kindern sichtlich gut, auch um die Sprache zu erlernen. Allerdings musste ob des bedrohlichen, unsichtbaren Gegners die allergrößte Vorsicht der Ratgeber sein, um Julia bestmöglich zu schützen.

Die Situation erinnerte Jana und Joachim an den Film „Schicksalhafte Weihnachten". Heather muss sterben, wenn sie keine passende Spenderleber findet. Da tritt ein Fremder in ihr Leben und erklärt sich als Spender bereit. Es entwickelt sich ein Weihnachtswunder. Nachdem die beiden Familien sich im Rahmen der Transplantation kennenlernen, entsteht eine tiefe Verbindung zwischen Heather und Chris, dem Spender. Sie beginnen sich zu fragen, ob die Nähe, die sie empfinden, über die besondere Verbindung tiefer Dankbarkeit und Erleichterung zwischen Organspender und Empfängerin hinausgehen und das Zeug zu einer echten Liebesbeziehung hat. Hat es!

Vielleicht erzählt irgendwann auch einmal jemand die Weihnachtswundergeschichte von der vollständig geheilten Julia.

14

Mit der versprochenen und gebotenen Vorsicht besucht Joachim an diesem Tag Julia, ihre Eltern Hayfa und Habib sowie ihren kleinen Bruder Rashid. Er ist ein echter lockiger Wirbelwind. Rashids Geburt tut Julia gut. Sie nimmt eine sichtbar positive körperliche und mentale Entwicklung. Nur vor den weißen Männern, in denen sie die Ärzte mit den kalten Geräten sieht, fremdelt Julia weiter.

Nachdem ein starker arabischer Kaffee die Gespräche über das Wohlergehen der in Aleppo verbliebenen Eltern begleitet hat, ist schnell geklärt, dass die Dunstabzugshaube defekt ist. Ersatz muss her.

Joachim sagte zu, sich schnellstmöglich um die Reparatur oder Ersatz zu kümmern.

Zurück in den heimischen vier Wänden suchte er nach geeigneten Firmen und Geräten. Schwierig. Am Ende der Recherche hilft es nichts, eine sinnvolle Beratung und Bestellung einer Ersatzhaube muss vor Ort im Geschäft veranlasst werden.

„Jana, wir müssen morgen in die Innenstadt. Allein in einem Elektronikmarkt können wir ein geeignetes Gerät ordern."

Mürrisch und besorgt blickt Jana auf ihren Ehemann.

„Ich weiß," lenkt er ein, „aber wir stehen ganz früh auf und sind vor dem größten Ansturm an Menschen wieder zuhause. Was denkst du?"

„Okay, so können wir es machen. Vielleicht kaufen wir vorsichtshalber noch ein paar Weihnachtsgeschenke. Wer weiß, ob wir fahren. Aber wenn wir fahren, möchte ich nicht mit leeren Händen kommen."

„Gute Idee," meinte Joachim, „doch ich dachte, der Weihnachtsmann besorgt und bringt die Geschenke?"

„Wie kommst du denn darauf?" schmunzelte Jana köstlich.

„Ist doch klar," retournierte Joachim, „wie du aus „Santa Baby I und II" weißt, kümmert er sich um die Produktion und Verteilung der Geschenke. Schwierig wird es erst dann, wenn der Weihnachtsmann schwer krank ist und seinen Aufgaben nicht mehr nachkommen kann. Allem Traditionsbewusstsein zum Trotz. Oder wenn Santa Claus ausgerechnet in der Vorweihnachtszeit in die Midlife-Krise verfällt, weil auch an ihm das Älterwerden nicht vorübergeht. Er macht lieber Musik oder fährt Motorrad. Gott, sei Dank überzeugt seine Frau die gemeinsame Tochter, ihren weltberühmten Vater zu vertreten und das Weihnachtsgeschäft zu retten. Weihnachten wird alles gut!

Würde das Weihnachtsfest auch in diesem Jahr gut werden? Jana zweifelte. Wer sollte gegen das Virus ankämpfen? Jana grübelte. Sie schlief unruhig bis schlecht. Ihr Gewissen plagte sie.

Unweigerlich traten die Ängste um ihre Eltern wieder hervor. Je näher das Fest der Feste rückte, desto sorgenvoller schien sie. Wenn es so weiterging mit den Nachrichten rund um das Virus mit den unzähligen Ansteckungen, den Patientinnen und Patienten auf den Intensivstationen und den Menschen, die gestorben waren oder noch daran sterben mussten, dann würde es wohl ein ganz anderes, trauriges Weihnachtsfest geben.

15

Fürs erste verdrängte Jana diese düsteren Gedanken und fuhr mit ihrem Ehemann in die City. Ganz früh morgens. Vor allen anderen. So, wie sie es geplant hatten. Zielstrebig gingen sie durch eine noch leere Innenstadt zum Elektronikfachmarkt. Unter einem bleiernen Himmel warteten sie geduldig, bis sie nach einer Personenkontrolle in den Verkaufsraum gelassen wurden. Die Anzahl der Kunden in Innenräumen war begrenzt. Im Gesicht drückte die Maske, die vor einer Infektion schützen sollte, und beschlug die Brille. Ihre Kontaktdaten mussten erfasst werden, falls es in diesem Markt zu einem Ausbruch der Seuche kommen sollte. Furchteinflößend. Nötig, aber furchterregend. Die Leichtigkeit des Einkaufserlebnisses verflog zwischen Masken, Warteschlangen und der unbestimmten Sorge vor einer Ansteckung ins Nichts der Pandemie.

Sollten wir so leben müssen?

Wollen wollten wir das nicht.

Herr Yüczel erwies sich als ausgesprochen freundlicher und kompetenter Fachmann. Zugewandt und gut gelaunt. Selten in diesen trostlosen Tagen. Wohltuend. Nach kurzer Beratung konnte er bereits das richtige Produkt empfehlen.

So weit. So gut.

Zum Ende des freundlichen und grundsätzlich erfolgreichen Gesprächs wies er allerdings darauf hin, dass auf die bestellten Teile möglicherweise mehrere Wochen gewartet werden müsste. „Wir wissen es noch nicht genau, aber es besteht die Möglichkeit eines vollständigen Lockdown. Der Fairness halber möchte ich sie auf diese Risiken hinweisen," schloss er die Beratung.

„Et is, wie et is. Et kütt, wie et kütt," zitierte Joachim das rheinische Grundgesetz. Wohl war ihm dabei nicht. Er würde Habibi erklären müssen, dass der Ersatz zwar bestellt wäre, aber noch einige Wochen auf sich warten lassen würde, weil der genaue Lieferzeitpunkt nicht feststehe. Es gab einfach keine

Planungssicherheit mehr. Was war jetzt noch verläss-
lich? Wer war jetzt noch verlässlich?

Mit diesen Gedanken und Gefühlen schlenderten sie
durch die sich langsam füllende City. Triste Innen-
stadt. Es fehlten die Buden vom Weihnachtsmarkt.
Die fröhlichen Lichter. Die weihnachtliche Musik. Der
Duft von Mandeln und Glühwein. Das Stimmengewirr
der Menschen. Die willkommene Pause im hektischen
Alltag oder der betriebsamen Suche nach Weih-
nachtsgeschenken.

Stattdessen musste man nun auch im Freien Masken
tragen. Der trübe, graue Himmel drückte auf die
Stimmung und das Gemüt. Die Augen der Menschen
eher traurig gen Boden gesenkt, denn zuversichtlich
auf das Fest. Das Virus musste schlimm sein. Selbst
wenn man sich nicht angesteckt hatte, hinterließ es
Spuren auf den Seelen der Menschen und eine depri-
mierende Laune.

Jana und Joachim fanden in einem kleinen Geschäft
bei Spontaneinkäufen noch Weihnachtspräsente. In
die vorübergehende Freude beschlich sie dennoch un-
bemerkt eine Ahnung, dass etwas geschehen war. Sie
machten es für sich an der Menge der Menschen fest,
die entgegen der bisherigen Erfahrungen nicht mehr
zurückhaltend Kontakte vermieden, sondern zuhauf

zusammenströmten. Es fühlte sich an, wie eine Torschlusspanik. Sie bemerkten eine aufgewühlte Gereiztheit.

Was war nur geschehen?

„Joachim, ich fühle mich hier nicht mehr wohl. Können wir nicht nach Hause fahren?"

„In der Tat. Selbst mir ist es hier zu voll und hektisch."

Im Auto hörten sie dann die neuen, nicht wirklich unerwarteten Neuigkeiten. Lockdown. Über den ganzen Winter. Das also trieb die Menschen in die Innenstadt. Eine letzte Gelegenheit. Das gesellschaftliche Leben würde vollkommen heruntergefahren. Also strömten alle noch einmal in die Geschäfte, um weihnachtliche Besorgungen zu machen. Wichtige und weniger wichtige. Große und Kleine. Es kam beinahe so etwas wie Weihnachtsstress auf. Beinahe.

Die Gesichter hinter den Masken sprachen eine andere Sprache. Eine ganz andere Sprache. Nachdenklichkeit. Angst. Frustration. Wut. Leere. Hier war kein Platz für Vorfreude - für Advent. Es gab keinen Raum für Leichtigkeit und Zuversicht. Für Hoffnung.

Fürchtet euch nicht, rief der Engel den Hirten auf dem Felde damals zu. Man mochte den Menschen heute ebenso zurufen: Fürchtet euch nicht. Trotz allem!

Bild 18: Wilderness - Südafrika (Jochen Nagel)

16

Für Jana und Joachim rückte die Antwort auf die Frage, Weihnachten zu ihren Lieben zu fahren (oder nicht), wieder in den Fokus. Noch verbot die Regierung nicht die Reisen an den Feiertagen, aber sie erschwerte sie ungemein. Wie viele Menschen durften zusammenkommen? Wer zählte dabei und wer nicht? Wie war das mit Masken bei Verwandten? Oder doch nicht? Das verstand kein Mensch.

Und die schlussendliche Entscheidung legte die Regierung bei schwierigen Rahmenbedingungen den Menschen auf. Nach dem Motto, wir verbieten ja nichts, aber sie müssen wissen, was sie tun. Erst kurz vor den Feiertagen sollte es noch einmal im Lichte der aktuellen Gesundheitslage Regelungen für die Familienbesuche und die Gottesdienste geben.

Na, toll. Verzögerungstaktik. Salamitaktik.

Aber es war der Preis der Freiheit. Der Preis der Demokratie. Der Preis des freien Willen des Menschen; der Würde des Menschen. Selbstbestimmung. Eigenverantwortung.

„Und was machen wir nun?" wollte Jana wissen, „was sage ich meinem Bruder oder meinem Vater, wenn sie fragen, ob wir Weihnachten kommen?"

„Ich kläre das jetzt erst einmal mit meiner Schwester, ob das Weihnachtsbuffet, zu dem wir seit dem Tod meiner Mutter jedes Jahr traditionell gehen, stattfindet. Dann kläre ich die Infektionslage im Briefzentrum, wo mein Schwesterherz ja täglich viele persönliche Kontakte als Vorgesetzte hat. Und nicht zuletzt harren wir der Entscheidungen der Regierungskonferenz. Wir können uns als Staatsdiener nicht gegen geltende Gesetze stellen."

„Ich weiß ja," entgegnete Jana, „aber du kennst doch die Debatte. Hier gibt es kein Corona. Das gibt es nur in den Städten. Das bringen die Leute aus dem Urlaub mit. Wir kennen niemanden, der erkrankt ist."

Joachim nickte sehr nachdenklich.

„Trotzdem. Ich würde bis zur Konferenz am Dienstag abwarten, auch wenn es uns schwerfällt. Nach dem Ergebnis der Konferenz entscheiden wir."

„Einverstanden. Und was machen wir jetzt mit diesem angebrochenen Samstag?"

„Wir schreiben unsere Weihnachtspost. So wie in dem Film „P. S. Es weihnachtet sehr"," meinte Joachim.

In dem erwähnten Streifen schickt Jessica an fünf besondere Menschen eine Weihnachtskarte. Nachdem sie kurz vor den Feiertagen von ihrem Freund

verlassen wurde, beschließt sie, je eine Weihnachts-
karte an die fünf Menschen zu schicken, die sie be-
sonders geprägt haben. An ihre Tante, bei der sie
aufgewachsen ist. An ihren Bruder beim Militär. An
den Popsänger Jax, der gerade eine künstlerische
Pause hat. An ihre beste Freundin. Und an ihre Musik-
lehrerin. Schon kurz darauf kommt es zu einer magi-
schen Begegnung, die ihr Leben positiv verändert.

Gerade an der Feiertagen ist es wichtig, an die wich-
tigsten Menschen im Leben zu denken. Die Alltagssor-
gen zu teilen. Über erfreuliche Neuigkeiten zu berich-
ten. Von traurigen Begebenheiten zu erzählen. Mitei-
nander verbunden bleiben auch über die Entfernung.
Weihnachtskarten können das Signal senden, ich
denke an dich. Du bist mir wichtig. Ich möchte mit dir
verbunden bleiben. Weihnachtspost ist altmodisches
Netzwerken. Weihnachtspost ist Wertschätzung.
Weihnachtspost ist Weihnachtszauber mit ein wenig
Feenstaub.

„Gute Idee," wandte Jana ein, „aber wir schreiben
mehr als fünf Karten. Ich freue mich, mehr als fünf
besondere Menschen zu kennen, an die ich gerade zu
Weihnachten herzlich denken kann."

Und so geschah es.

Karte um Karte schrieben sie, unterschrieben diese, versahen sie mit freundlichen Aufklebern, steckten sie in die Umschläge, klebten Briefmarken darauf und brachten sie mit guten Wünschen zum Briefkasten. Altmodisch. Aber die Weihnachtskarten erneuerten und stärkten die persönlich-freundschaftlichen Bindungen zu besonderen Menschen. Über die Entfernungen hinweg. Über lange Zeiträume hinweg.

17

„Weihnachten ist mehr als ein Wort." Nicht nur für die Kolumnistin Kayleigh im gleichnamigen Weihnachtsfilm, die sich an den Feiertagen bei ihrer Familie meldet, weil ihre Kolumne kurzfristig abgesetzt wird. Weihnachten verbindet. Weihnachten ist Glaube. Weihnachten ist Hoffnung. Weihnachten ist Liebe.

Weihnachten ist mehr als ein Wort. Und viel größer wie ein einzelner Mensch. Dies spürten Jana und Joachim just in diesen Momenten, in denen sie die Zeilen an ihre besonderen Menschen formulierten. Mit Alltäglichem. Mit den Höhepunkten des Jahres. Mit schwierigen Augenblicken. Und natürlich, indem sie herzliche Grüße und beste Wünsche mit auf den Weg gaben.

Dann trat plötzlich all die Vorfreude auf das Fest mit hervor. Jenes feine Gespinst zwischen Liebenden,

Angehörigen, Freunden und Bekannten, das alle zusammenhielt. Bisweilen unsichtbar und gleichwohl so kraftvoll, dass es den Stürmen der Zeit standhielt. Ein Klebstoff des Gemeinsinns. Der gemeinsame Glaube an etwas Gutes, an etwas Besseres, an etwas Höheres. Der Geist von Weihnachten. Mit dem Sinn für die Familie. Mit dem Herzen für alle Menschen.

Mit diesem zarten Gebinde der Vorfreude, des Advent, des Ankommens näherten sich jedoch unweigerlich wieder die Unsicherheit, Sorgen und Furcht vor der unausweichlichen Entscheidung.

Weihnachten wie immer und damit der Verantwortung für die Gesundheit aus dem Weg gehen. Oder die Feiertage einmal anders. Der Vorsicht folgen, umsichtig sein und darauf vertrauen, dass es ein weiteres Weihnachten im trauten Kreise der Lieben geben würde. Denn aufgeben konnte man die Tradition nicht. Weihnachten war etwas Vertrautes. Ein Ritual, eine Tradition in stürmischen, bewegten, turbulenten und unsicheren Zeiten. Etwas, an dem man sich festhalten und orientieren konnte. Und nun wackelte durch das scheußliche Virus auch noch Weihnachten.

Wobei - waren die Feiertage wirklich immer im harmonischen Umfeld verlaufen oder wurde das Fest nicht überhöht und verklärt? Jana wusste es nur allzu gut. Die geballten Feiertage bis einschließlich Silvester konnten schwierig, anstrengend, belastend und auch sehr streitig sein. Dabei ging es nicht nur um ein zu großes oder zu kleines oder fehlendes Dessert, sondern ebenso um grundsätzliche Themen der Erziehung, von Freiheit bis hin zu Lebensentwürfen.

„Wenn das fünfte Lichtlein brennt" führte drastisch vor Augen, wie intensiv es ist, mit den geliebten Angehörigen auf engstem Raum zusammen zu sein. Freunde kann man sich aussuchen, Familie nicht, heißt es im Volksmund. Wenn das fünfte Lichtlein brennt, möchte niemand auf einem Flughafen eingeschlossen sein. In dieser weihnachtlichen Komödie verbringen Reisende den Heiligen Abend an einem Terminal statt wie geplant heimelig unterm geschmückten Tannenbaum. Was beim Fest der Liebe unter den Teppich gekehrt wird, kommt in Notunterkünften, in Familiensuiten und Bettenlagern zum Vorschein. Lebensnah wird von Träumen, Wünschen und Geheimnissen erzählt, die in der Sondersituation aufbrechen.

Unweigerlich dachte Jana an die einmalige weihnachtliche Flucht mit Joachim nach Belgien. Nicht zur Volkszählung wie bei Maria und Josef in der Weihnachtsgeschichte. Nein, einmal zweisam sein an den Feiertagen. Nicht auf Rundreise zu und mit der

Familie. Zusammen durch den knirschenden Schnee am Strand der Nordsee stapfen. Hand in Hand durch Brügge schlendern und Pralinen genießen. Ein häusliches Buffet, eingekauft bei Aldi, weil alle Restaurants geschlossen haben. Mit ganz viel Gemeinsamkeit als Paar. Herrlich. Und mit ganz viel Unverständnis der Familien, weil sie mit der verlässlichen Rundreisetradition über die heiligen Feiertage gebrochen hatten.

Oma Rosa und Opa Franz hätten sie verstanden …

18

… und so ganz langsam begann der Entscheidungsprozess in diesem Virusjahr sich in eine bestimmte Richtung zu bewegen. Die Waagschale zwischen Pro und Contra pendelte sich eindeutig ein. Und sie hatte sowas von schlichtweg nichts mit dem Virus zu tun.

Wie es der Filmtitel verriet, ging es doch bei diesem Fest um die Liebe. „Das Weihnachtskarussell. Alles dreht sich um die Liebe." Ja, dieser Film war echt seichte Unterhaltung. Aber eben mit dem entscheidenden Fünkchen Wahrheit.

Bei der Reparatur des königlichen Karussells kommen sich Lila und der Prinz näher. Das wird bei Hofe gar nicht gerne gesehen. Aber die königliche Familie hatte Lila und ihren Vater Roy beauftragt, ein Karussell zu reparieren. Sie waren die Fachfirma und sollten es bis Weihnachten fertigstellen, denn es sollte ein Geschenk für die Nichte des Prinzen sein. Obwohl sich Lila und der Prinz anfangs nicht verstehen, beginnen sie sich nach und nach mit anderen Augen zu sehen. Mit weihnachtlichem Happy End.

Alles dreht sich um die Liebe.

„Eigentlich weiß ich, was zu tun ist," dachte Jana laut vor sich hin. In Gedanken huschte dabei der Film „Christmas at the Plaza - verliebt in New York" vorbei. Ja, so war es. Während der Weihnachtszeit wird die Historikerin Jessica beauftragt, die alljährliche Weihnachtsausstellung im Hotel The Plaza in New York City zu organisieren. Dort trifft sie bei den Recherchearbeiten in den Kellern des Etablissements auf den gutaussehenden Dekorateur Nick. Während ihrer Zusammenarbeit entwickeln sich die beiden nicht nur als exzellentes Team, sondern fühlen sich immer mehr zueinander hingezogen. Zudem bringen sie mit einem besonderen Ausstellungsstück auch eine verborgene alte Liebe wieder zusammen.

Darin lag doch die Lösung, die Antwort. Nach all den Anstrengungen und Entbehrungen in den letzten Monaten der pandemischen Lage, die sich wie Jahre des Stillstands angefühlt hatten, sowie der immer kleiner werdenden Welt durch das sich ausbreitende winzige, aber tödliche Virus, wollte sie eigentlich nur Tage der Zweisamkeit und Liebe an den Feiertagen.

„Doch wie sagen wir es unseren Lieben?" zweifelte Jana rasch und ihre für sie untypische Verunsicherung kehrte zurück. Kleine nachdenkliche Fältchen durchzogen ihre Stirn. Matt wurden die eben noch so hoffnungsvoll strahlenden Augen. Erschöpft sanken ihre Mundwinkel „Merkelhaft" nach unten.

Verdammtes Virus! Blöde Seuche!

Wütend stampfte Jana mit ihren Füßen auf, schüttelte energisch ihren Kopf und rief nach ihrem Spatz. Derart unaufgeräumt und unentschieden konnte es nicht weitergehen, durfte es nicht weitergehen. Sie mussten sich nun gemeinsam für einen Weg, für ihren Weg, durchringen. Und diesen Weg zusammen, gradlinig und aufrecht gehen.

Irgendwo im Arbeitszimmer brummte ihr Mann, dass er sie gehört habe, noch eine Arbeit fertigstellen wolle und dann sofort zu ihr käme.

Na, ja, dass kannte sie ja seit Jahren zur Genüge, dachte Jana. Es wird noch eine Weile dauern, bis er sich vom PC weg und hinunter ins Wohnzimmer bewegt. Eigentlich wie immer, mein zerstreuter Professor, war Jana gerade im Begriff zu denken …

… als ihr Partner unvermittelt neben ihr stand, einen Kuss auf die verdutzte Wange schmatzte und fröhlich fragte: „Was gibt's, mein Schatz? Du hast gerufen."

Für einen Augenblick blieb Jana sprachlos. So schnell kam ihr Liebling selten. „Wir müssen reden. Wir müssen uns entscheiden," sagte sie bestimmt, wie es ihr Naturell war.

„Okay. Und worüber müssen wir reden? Was müssen wir entscheiden?"

„Ja, wie machen wir es denn jetzt mit Weihnachten? Und fang mir bloß nicht wieder damit an, dass wir es so machen, wie ich es will. Ich will nicht wieder die Böse sein."

„Gut, also wenn du mich fragst …"

„… das habe ich doch gerade getan!"

„Wenn ich je ausreden dürfte," grinste Joachim, „also, wenn du mich fragst, dann bleiben wir Weihnachten hier und setzen niemanden der Gefahr aus, angesteckt zu werden. Das würden wir uns sonst niemals verzeihen, wenn einer unserer Lieben erkrankt oder gar an dem Virus, das wir mitgebracht haben, stirbt."

„Du weißt schon, sie werden es nicht verstehen."

„Ja, aber wenn jemand an Corona erkrankt, ebenfalls nicht. Wir haben allein die Wahl zwischen Pest und Cholera. Eigentlich können wir uns nur falsch entscheiden. Und dann sollten wir von der verkehrten Entscheidung die bestmögliche treffen. Der Schutz unserer Angehörigen steht meines Erachtens im Vordergrund. Damit bleiben wir hier und müssen den Vorwurf, egoistisch zu handeln, aushalten. Auch und gerade, weil wir eben nicht egoistisch vorgehen. Das hohe Risiko, jemanden anzustecken mit der Folge zu sterben, ist real. Das sehen wir jeden Tag. Diese Schuld, diese schwere Schuld würden wir für immer auf uns laden und tragen müssen. Da bin ich lieber egoistisch."

Für einen innigen Moment schwiegen beide, dann umarmten sie sich liebevoll und es schlossen sich die leidenschaftlich schwierigen Telefonate an.

19

Was sind die schwersten, die schwierigsten Gespräche? Sind es diejenigen, die man gar nicht führt? Sind es die offenen und ehrlichen, bei denen schmerzliche und sehr persönliche „Wahrheiten" oder Tatsachen angesprochen werden?

Manchmal schien es so. Wollte man die Fakten und die Emotionen des anderen wirklich hören? Belasten diese Dinge nicht mehr denn sie halfen? Warum taten die Gespräche mit lieben Menschen, die es gut meinen, so weh? Eben. Weil sie es gut meinen, weil sie ehrlich sind, sprechen sie Fehler und Schwächen offen an und gaben Hinweise, wie und warum es besser werden könnte. Zugewandte, wertschätzende Menschen boten die Chance, das eigene Handeln zu bedenken, zu überdenken und ggf. zu verändern. Auch wenn es weh tat, die Gedanken sogar körperlich schmerzten.

Es half nichts. Nur in konstruktiv-kritischen Gesprächen lag wirklicher Segen.

In der Tat, auch ein aggressiv wahrheitsgemäßes Gespräch bewahrte die Gelegenheit, sich selbst und sein Tun zu reflektieren. Allerdings nur, wenn der Empfänger der Botschaft es auch verstand. Meinte es das Gegenüber jedoch nicht human und fürsorglich, sondern wollte lediglich seine Meinung, seine Auffassung, seine Überzeugung apodiktisch als die einzig Zutreffende angesehen haben wollen, dann blieb der Kern der Botschaft dem Empfangenden verborgen.

Ähnlich erging es bei sinnlosen Streitgesprächen, die ausschließlich um des Streits Willen geführt wurden.

Darauf lag kein Segen. Daraus konnte kein Fortschritt erzielt werden. Meist blieben die Standpunkte unverrückt. Unverrückbar. Unauflösbar. Man blieb traurig trostlos zurück. Ratlos.

Wenig hilfreich blieben die belanglosen Nicht-Gespräche. Small Talk. Ein launiger Zeitvertreib. Aber sie schadeten auch nicht.

Am allerschlimmsten bleiben die Gespräche, die nicht geführt werden. Sie lösen keine Probleme, sondern verstärken diese. Sie lassen uns einsam und verzweifelt zurück. Sie verbauen die Chance, einander zu verstehen, einander zu helfen, eine gemeinsame Basis zu finden. Sie zementieren Meinungen, Positionen, Gefühle. Und zwar unabhängig davon, ob sie als richtig oder falsch empfunden werden. Das Universum friert ein. Permafrost der Gefühle.

Wie soll daraus etwas Gutes entstehen? Wie sollen wir daraus Menschlichkeit erfahren? Wie soll sich Liebe und Zuneigung entwickeln? Wie Verständnis? Wie Vertrauen?

Ohne Worte?

Ohne Worte.

Und doch war und ist der Mensch in der Lage, die höchste Kunst des Gesprächs zu führen, zu pflegen.

Diplomatisches Florett. Würdevolle Kommunikation. Menschliches Miteinander.

Zuhören. Anschauen. Fragen. Vielleicht lächeln. Mit dem Mund. Mit den Augen. Ausreden lassen. Meinungen gelten lassen. Erklären. Verstehen. Reden. Und nachdenken. Und möglicherweise auch alles wieder von vorne.

Einfach sein Gegenüber annehmen. Als Mensch.

„Es gilt, was ankommt," war die goldene Regel, die es bei jeder Form der Kommunikation zu bedenken und möglichst zu berücksichtigen gilt.

Es gilt, was ankommt.

Verbal.

Nonverbal.

Den Menschen sehen. Auf den Menschen eingehen. Auf den Menschen zugehen. Dem Menschen seine Würde lassen. In jeder Lage. Jederzeit. Besonders an Weihnachten.

20

Joachim dachte, dass die Kontakte mit seiner Schwester „einfacher" sein könnten. Das traditionelle Weihnachtsbuffet am Heiligen Abend musste ausfallen. Die Regierung hatte beschlossen, das öffentliche

Leben über den ganzen Winter lahm zu legen. Weniger Kontakte sollten hoffentlich zu weniger Infektionen führen. Also blieben unter anderem die Gaststätten geschlossen. Diese Beschlüsse sollten zudem Arztpraxen und Krankenhäuser entlasten. Und damit war ebenso die Hoffnung verbunden, Menschenleben zu retten.

Gleichwohl spürte Joachim die Enttäuschung. Kein Weihnachtsbesuch in diesem Jahr. Man sah sich eh schon so selten. Und nun ausgerechnet an den hohen Feiertagen.

Allerdings nahm er schon auch das Verständnis für die Vorsichtsmaßnahmen auf. „Na, klar," warf seine Schwester ein, „ich habe jeden Tag mit ganz vielen Menschen im Briefzentrum zu tun. Bisher ist alles gut gegangen und wir hatten noch keinen Virus-Fall. Aber wer weiß schon, ob darunter nicht doch leichte Infektionen unbemerkt blieben und gleichwohl zu Ansteckungen führten. Die Gesundheitsämter sind überlastet und ob die Tests tatsächlich alle richtig gemacht werden und zuverlässig sind, da zweifle ich. Vielleicht ist es gut, wenn wir alle Weihnachten runterkommen und Kontakte meiden. Möglicherweise ist die Seuche im neuen Jahr bald weg."

Die Hoffnung stirbt zuletzt.

In dieser Hoffnung blieben die Geschwister. Allein, es sollte anders kommen.

Wie geahnt hatte Jana den schwierigeren Teil der Gespräche. Aber am Ende überwogen Vernunft und Verständnis. Und das war auch gut so.

Bild 19: Svartisen Gletscher – Norwegen (Jochen Nagel)

„Jetzt sind wir an Weihnachten irgendwie gestrandet,‟ erwähnte Jana irgendwann.

„Gestrandet? Wie meinst du das?‟

„Na, ja, ein wenig wie in dem Film „Weihnachtsgeschenk des Himmels‟,‟ weißt du.

Für einen Moment eines Augenblicks herrschte Schweigen. Dann leuchteten Joachims blaue Augen. „Ach, ja, du hebst auf die Geschichte der Pilotin Nina und des Piloten Brady ab. Ihre Maschinen müssen wegen eines Wintersturms am Boden bleiben. Kurz vor den Feiertagen trifft ein heftiger Schneesturm Cleveland und legt den gesamten Flugverkehr lahm. Auch das Flugzeug der jungen Pilotin Nina. Da die Hotels in der Stadt hoffnungslos überfüllt sind, bietet sie ihrem Flugkollegen Brady an, bei ihren Eltern mit zu übernachten. Schon bald merken die beiden, dass der Sturm das Beste war, was ihnen passieren konnte. Sie kommen sich näher. Meinst du diesen Film?"

„Genau. Wir haben zwar keinen Schneesturm, aber das Virus, dieses verdammte Virus. Es lässt uns ebenfalls irgendwie stranden."

Ein paar verstohlene Tränchen kullerten über Janas Wangen, die emotional aufgeheizt rosig glühten.

„Und was machen wir dann an Weihnachten, wenn wir wegen des Virus hier gestrandet sind? Hast du dir vielleicht schon etwas überlegt?"

21

„Ja und Nein."

„Tolle Antwort."

„Nein, bedeutet," begann Joachim, „dass ich noch keine konkreten Vorstellungen habe. Auch wenn wir uns bis zum Ende der Regierungsentscheidungen alle

Optionen offen gelassen haben, hätte es ja doch noch sein können, dass wir wie in jedem Jahr eine Rundreise machen. Unsere bisherige Weihnachtsrallye quasi."

„Und was bedeutet das „Ja" in deinem Teil der Antwort?" wollte Jana ungeduldig wissen, „du hast offensichtlich bereits nachgedacht."

„Ich würde es so beschreiben. Deine Eltern haben ihre Weihnachtstradition. Da kommt der Weihnachtsbaum in die große Stube, die Krippe wurde aufgestellt, es gab ein festes Essen am Heiligen Abend und so weiter. Meine Eltern kommen aus dem Geschäft, Vater legte sich die berühmte halbe Stunde aufs Sofa und wir Kinder schmückten mit Mama den Weihnachtsbaum. Abends verquatschten wir uns meist beim Essen, vergaßen beinahe die Bescherung und es endete immer, egal wie spät es war, mit dem Weihnachtsfilm „Ist das Leben nicht schön". Die Tragikomödie um George Bailey, der nie geboren sein wollte, weil er achttausend Dollar verloren hatte, und um den Engel Clarence, der ihm zeigte, dass sein Leben wirklich etwas wert war, und danach seine Flügel bekam. Das gehörte bei uns zum traditionellen Ritual. Wir zwei fahren jedes Jahr zu den Eltern, Schwiegereltern und Geschwistern. Autobahn als Weihnachtstradition. Jetzt müssen wir eben unsere eigene Geschichte erfinden. Wer weiß, wie lange dieses Virus noch wütet und uns einschränkt. In China sperren sie gerade ganze Millionenstädte ein."

„Und wie machen wir das?"

„Wie die Elfe zu Weihnachten," warf Joachim ein.

Fragen standen in Janas grau-grünen Augen. Ihr Stirnrunzeln verriet, dass soeben in ihrem klugen Kopf Gedanken reiften für wunderbare Feiertage trotz der pandemischen Lage. Trotz des eingesperrt-seins. Sie war einfach großartig und hatte ein vorzügliches Händchen dafür, ihr Zusammensein angenehm und liebevoll zu gestalten. Bis ins letzte Detail.

22

„Ich kann mich jetzt gut erinnern," sagte sie plötzlich, „die Elfe Christine will den verlorenen Weihnachtszauber in Wills Familie zurückbringen. Seine Eltern führen ein gut gehendes Geschäft für Weihnachtsdekoration, können aber mit dem Fest selbst ob der hohen Belastung wenig anfangen. Ihr Sohn Will aber schon. Elfe Christine bekommt den Auftrag, die Familie unterm Weihnachtsbaum wieder zusammenzuführen."

„Genau," antwortete Joachim, „nur bekommen wir keine Elfe geschickt, sondern müssen uns selbst um alles kümmern. Ich nehme an, du möchtest trotz der zahlreichen Weihnachtsfilme immer noch keinen Weihnachtsbaum?"

„So ist es. Ich will keinen Konsumterrier, äh, Konsumterror."

„Aber wir können uns schon ein paar Leckereien einkaufen und wie weiland in Belgien ein kleines Buffet machen. Wir können ein Glas südafrikanischen Wein trinken. Wir können die Wohnung schmücken. Und am Ende des Tages unsere Weihnachtsfilme „Single Bells" und „Oh Palmenbaum" ansehen?"

„Aber alles in der richtigen Reihenfolge."

Beide mussten sogleich schmunzeln, da sie an den von der Omama vorgegebenen, für ewig und alle Zeiten festgeschriebenen Ablauf des Heiligen Abend im Film Single Bells dachten.

„Damit decken wir jedoch nur einen Tag ab. Weihnachten dauert aber länger," meinte Jana.

„Stimmt. Was denkst du darüber, wenn wir etwas ganz Verrücktes machen? Würstchen grillen. Glühwein trinken. Wir machen unseren eigenen kleinen Weihnachtsmarkt im Garten. Wir murmeln uns dick ein, so als würden wir auf einen richtigen Weihnachtsmarkt gehen, die ja in diesem besonderen Jahr alle ausgefallen sind, und holen uns die weihnachtliche Stimmung ins Haus bzw. den Garten."

„Gute Idee, sagte Jana, „und möglicherweise schneit es auch ein wenig. Das wäre doch schön."

Gesagt, getan.

23

Jana und Joachim starteten die Vorbereitungen für ihre ganz persönlichen, virusfreien Feiertage. Großeinkauf mit Maske. Allerletzte Pflichten im Homeoffice erfüllen. Die Wohnung für ein kleines Zweierbuffet vorbereiten und anschließend - trotz allen Widrigkeiten - die Feiertage genießen.

Für ein paar wertvolle Stunden schien das Virus, diese unsägliche Seuche, nicht zu existieren. Zwar fiel beim Gartenweihnachtsmarkt kein Schnee, sondern der übliche, typische rheinische Regen, aber das tat dem Grillvergnügen keinen Abbruch.

Bei einem letzten Glühwein fragte Joachim, ob Jana - auch wenn sie sich nicht an dem Konsumterrier, nein Konsumterror beteiligen wollten und traditionell auf Weihnachtsgeschenke verzichteten - sich nicht etwas wünschen würde?

Nichts aus dem Konsumbereich, aber ähnlich den Filmen „Der Weihnachtswunsch des Jahres", in dem

Lucy in ihrer Gemeinde den Weihnachtsmann spielt und voller Enthusiasmus die heimlichen Wünsche der Einwohner einer Kleinstadt erfüllt, oder in „Der Wunschzettel", den die Ordnungshüterin Pauline in Berlin als einsame Seele findet und sich daran macht, das Herz von Leo zu erfreuen.

Jana dachte eine Weile nach. „Eigentlich," begann sie in sich gekehrt, „eigentlich finde ich es ziemlich einfach. Seit einiger Zeit hören und lesen wir doch von einem Medikament, einem Impfstoff gegen diese fürchterliche Krankheit. Wenn ich mir etwas wünschen dürfte, dann soll der Impfstoff rasch seinen Durchbruch erzielen und möglichst allen Menschen helfen. Ja, das würde ich mir wünschen."

Sprachs und tat einen mächtigen Schnaufer.

„Warum gerade das?" wollte Joachim wissen, „obwohl er es sich denken konnte."

„Weißt du, und jetzt möchte ich einmal aus den Weihnachtsfilmen zitieren. Wir sind beide gesund und brauchen keinen „Dr. Christmas". Wir haben unser kleines Häuschen, in dem wir nicht „14 märchenhafte Weihnachtstage" verbringen, sondern nur drei. Und ich habe eine „Liebe zum Festhalten". Was will ich denn mehr?"

Bild 20: Weingut Beaumont – Südafrika (Jochen Nagel)

Joachim nahm seine kluge Jana in den Arm, drückte sie fest sich, gab ihr einen Kuss und sagte: „Ich möchte dir von Herzen danken und sagen, ohne dass es herablassend klingen soll, ich bin furchtbar stolz auf dich. Ich habe dich lieb."

„Fein."

„Ich habe dich lieb."

„Das musst du auch."

„Warum?"

„Du willst doch mein Habibi sein!"

Sie hielten sich noch eine Weile im Arm. Dann drang Musik aus dem Haus ihrer Nachbarn. Friedemann spielte auf dem Klavier einen Walzer, einen Weihnachtswalzer.

Jana und Joachim nahmen die Melodie in ihrem Kopf und ihrem Herzen auf, zogen ihre Schuhe aus und schwebten zu den Klängen des Klaviers durch das Wohnzimmer. Ein beinah magisch märchenhaftes Weihnachtserlebnis.

Nach einem romantischen Kuss, der ihren Weihnachtswalzer beendete, nahmen sie draußen wahr, wie überraschend leichter Schneefall einsetzte. Er bedeckte das Dach des Gartenhauses und des

Vogelhauses. Blaumeisen, Rotkehlchen und Spatzen flogen ein und aus, suchten ein wenig Schutz vor der weißen Pracht und knabberten das Futter als weihnachtliche Häppchen. Zwei Tauben spazierten über den fein überzuckerten Rasen und hinterließen zarte Spuren. Drei Eichhörnchen betrachteten das lebhafte Treiben im Garten und naschten ebenfalls von den Erdnüssen. Eine neugierige Katze schlich durch die feinen, weißen und glitzernden Flocken.

Es schien, als wolle der Himmel die wochenlangen schlechten Botschaften der Erde zumindest an diesen Feiertagen mit einer unschuldigen und zuversichtlichen Glitzerdecke einhüllen. Silbern huschten Flöckchen vorbei und gesellten sich zu ihren Artgenossen am Boden, auf den Dächern, auf den Ästen der Bäume und den allerletzten Blüten der ausharrenden Rosen. Keck schienen sie zu schmunzeln, mit ihrer fröhlichen Art, in der sie tanzend und schwebend durch die Luft flatterten. Ihre unbeschwerte Leichtigkeit steckte an.

Bald hörten Jana und Joachim glockenhelles Kinderlachen. „Es schneit. Es schneit. Wir bauen einen Schneemann. Wir machen eine Schneeballschlacht. Juchhe."

Ida, natürlich Ida, weckte alle auf.

Bild 21: Kölner Dom (Jochen Nagel)

24

Und auch wenn die weiße Pracht nicht gerade üppig war, sorgte sie in jenem Moment für Augenblicke der Befreiung von der düsteren und beklemmenden Stimmung rund um das Virus.

Und auch wenn der Schnee vergänglich war, wie wir Menschen, bedeutete dieses weihnachtlich-winterliche Schauspiel gleichwohl eine Botschaft des Himmels.

Fenster und Türen wurden überall geöffnet. Leben kehrte auf die Straßen und Wege sowie in den Wendehammer zurück. Hoffnung keimte auf. Freude hielt Einzug.

Ganz im Sinne der weihnachtlichen Botschaft. Fürchtet euch nicht. Ich verkünde euch große Freude, die allem Volke widerfahren wird. Eine Freude, die menschliche Furcht überwindet. Es bedeutet nicht, dass wir furchtlos werden oder die Angst mit leichter Hand ablegen können. Auch durch Weihnachten werden nicht sofort zu einem Ritter ohne Furcht und Tadel. Doch wenn wir den Kern der weihnachtlichen Botschaft erkennen und annehmen, können wir die Furcht als einen Teil des Lebens annehmen, ihr aber einen Platz neben der Freude zuweisen. Sie gewinnt nicht Übermacht über uns. Sie zwingt uns nicht länger zur Ohnmacht. Die weihnachtliche Botschaft tröstet und macht zuversichtlich. Sie ist mehr als eine angenehme, selbstbezogene, innerliche Befindlichkeit.

Die Weihnachtsfreude verändert unser Verhältnis zur Welt und den Menschen nachhaltig. Getrost und zuversichtlich können wir uns den Menschen zuwenden und auch die Fragen und Probleme angehen, die uns aussichtslos erschienen oder eben jene Furcht auslösten. Die weihnachtliche Botschaft bedeutet: Die anfängliche Furcht weicht steigender Freude.

25

Später, viel später, die Kinder schlummerten längst alle erschöpft vom Spiel mit dem Schnee in ihren Betten, nahmen Jana und Joachim in den Nachrichten auf, dass der erste Impfstoff gegen die fürchterliche Seuche am zweiten Weihnachtsfeiertag an eine Frau gegeben werden konnte. Eine hoffnungsvolle Neuigkeit. Sie löste bei ihnen verhaltene Freude aus. Sie verdrängte Sorgen und Furcht.

Es war einmal ein Weihnachtsfest. Es war einmal ein Weihnachtsfest, dass sich auch von einem todbringenden Virus nicht beeindrucken ließ. Weihnachten blieb einfach Weihnachten. Einfach so. Die Botschaft war einfach größer als alles andere.

ENDE

Weihnachten

Wenn Sternschnuppen vom Himmel fallen,
heilige Lieder leise hallen,
Schnee decket sanft die Erde zu,
Menschenherzen finden Ruh,
am Kranze die vierte Kerze brennt,
wissen wir, es ist Advent.

Dann suchen wir Geborgenheit,
Liebe und Gemeinsamkeit,
wollen uns schöne Stunden schenken,
gerne an den Nächsten denken,
friedvoll kehren wir uns nach innen,
um uns auf das Eine zu besinnen.

Weihnachten - das Fest der Freude,
für große und für kleine Leute,
Christus, der heut geboren ist,
fraget nicht danach, wer du bist,
allein ins Herz hinein tut er schauen,
worin er erkennt, ob wir auf ihn vertrauen,
dann beschenkt er uns reich mit seinen Gaben,
an welchen wir unsere Seele laben,
um all das Schwere leicht zu tragen,
und das Schöne zu sehen an allen Tagen.

Bild 22: Palm-Mar - Teneriffa (Jochen Nagel)

Danke

Ein herzliches Dankeschön an

- Tatjana Kreß, die beste Lektorin der Welt. Genau, konstruktiv und kritisch. Selbstbewusst und verbindlich. Nachhaltig und nachdrücklich. Nur mit und dank ihr sind die Produkte in der Qualität gesichert. Ohne meine herzensgute Ehefrau, die mich nicht nur erträgt, sondern trägt, wäre Alles Nichts.
- Heidi Giebels, für die vortreffliche technische Unterstützung. Nur mit und dank ihr kommen die digitalen Grafiken in das Werk und runden es ausgezeichnet ab.
- Pfarrer Oliver Ploch von der evangelischen Thomas-Kirchengemeinde Bad Godesberg für die Inspiration zu den weihnachtlichen Gedanken, insbesondere zum Verhältnis von Freude und Furcht, in den Gemeindebriefen.
- Bad Sodener Zeitung für die erstmalige Veröffentlichung der Geschichte „Als ein Engel auf die Erde kam" am 19. Dezember 1984.

Über den Autor:

Jochen Nagel, geboren 1960 in Kassel, ist ein verträumter Realist, der seinen Mitmenschen ein offenes Ohr schenkt und ihren Problemen gegenüber aufgeschlossen ist. Mit einem stark ausgeprägten Gefühl für Gerechtigkeit, Ausgleich und soziale Eingliederung setzt er sich als Integrationsfigur in verschiedenen Rollen ein. Seine Introvertiertheit ist mit einem Schuss Extrovertiertheit angereichert. Diese Selbstanalyse bei einem psychologischen Seminar als Privatkundenberater bei der Postbank trifft noch heute zu. Die Eigenschaften sind ebenso hilfreich bei den Herausforderungen als Vorgesetzter bei der Deutschen Bundespost, als Prüfer der externen Finanzkontrolle und als Vorsitzender des Personalrats beim Bundesrechnungshof. Sein verträumter Realismus ist Ausgangspunkt für viele kleine, noch unveröffentlichte Geschichten und Märchen.